学前教育专业
新形态系列教材

0~3岁婴幼儿
家庭教育与亲子活动

游戏指导

慕课版

李营 张丹 ◇ 编著

人民邮电出版社

北京

图书在版编目（CIP）数据

0～3岁婴幼儿家庭教育与亲子活动游戏指导：慕课版 / 李营，张丹编著. -- 北京：人民邮电出版社，2021.8

学前教育专业新形态系列教材

ISBN 978-7-115-56536-5

Ⅰ. ①0… Ⅱ. ①李… ②张… Ⅲ. ①幼儿教育－家庭教育－幼儿师范学校－教材 Ⅳ. ①G781

中国版本图书馆CIP数据核字(2021)第089631号

内 容 提 要

本书共八章。第一章是家庭教育，包括家庭教育概述，婴幼儿的共性和个性，父母的作用和责任，祖辈的定义、作用和教育特点等内容；第二章是婴幼儿家庭教育，分节介绍了婴幼儿家庭教育的目的、内容和特点，婴幼儿家庭教育的原则和方法，婴幼儿家庭教育的制约因素，婴幼儿家庭教育的发展趋势；第三章是家庭教育与婴幼儿的全面发展，分节介绍了家庭教育促进婴幼儿身体发展、家庭教育促进婴幼儿智能发展、家庭教育促进婴幼儿情感发展、家庭教育促进婴幼儿社会性发展、家庭教育促进婴幼儿艺术发展；第四章至第六章是0～3岁婴幼儿家庭亲子活动游戏指导，按月龄分节介绍，每6个月为一节，每一节的内容包括当前月龄段婴幼儿家庭教育的重点和指导目标、当前月龄段婴幼儿家庭亲子活动游戏的指导方案；第七章是早教机构与婴幼儿家庭教育，分节介绍了早教机构的定义和教育意义、早教机构指导婴幼儿家庭教育的内容、早教机构指导婴幼儿家庭教育的原则和途径；第八章是社区与婴幼儿家庭教育，分节介绍了社区的定义和特点，社区指导婴幼儿家庭教育的定义、任务和内容。

本书内容新颖，提供的婴幼儿家庭亲子活动游戏指导方案详尽，并附有图片等丰富的教育资源。本书可以作为高等院校早期教育专业课程的教材，也可以作为婴幼儿家长在家庭教育过程中的参考资料。

◆ 编　著　李　营　张　丹

　　责任编辑　连震月

　　责任印制　王　郁　焦志炜

◆ 人民邮电出版社出版发行　　北京市丰台区成寿寺路 11 号

　　邮编　100164　　电子邮件　315@ptpress.com.cn

　　网址　https://www.ptpress.com.cn

　　涿州市般润文化传播有限公司印刷

◆ 开本：787×1092　1/16

　　印张：9　　　　　　　　　　2021 年 8 月第 1 版

　　字数：205 千字　　　　　　2024 年 12 月河北第 2 次印刷

定价：39.80 元

读者服务热线：**(010)81055256**　印装质量热线：**(010)81055316**

反盗版热线：**(010)81055315**

广告经营许可证：京东市监广登字 20170147 号

前　言

0～3岁是婴幼儿大脑和各种机能发育最迅速的时期，是人生的起步阶段，是影响人一生发展的关键期。家长对0～3岁婴幼儿进行有目的、有计划的教育，对他们的健康成长具有十分重要的意义和作用。

0～3岁婴幼儿的家庭教育在其一生的发展中起着举足轻重的作用。婴幼儿的成长离不开家庭，家长的年龄、受教育程度、对婴幼儿的期望及教养态度与婴幼儿的成长有密切的关系，其教养方式会直接影响婴幼儿的性格、态度、习惯和能力的形成。

0～3岁婴幼儿主要的教养环境是家庭，家长是婴幼儿的第一任教师。早教机构开展的0～3岁婴幼儿早期教育，其主要对象不仅包括婴幼儿，还包括婴幼儿家长。因此，早教机构应注重提升早教教师的专业素养，通过开展适宜的活动，帮助家长了解早期教育的教育理念、教育宗旨、教育目的、教育意义，帮助家长树立正确的教育观、婴幼儿发展观，与家长结成教育伙伴，使家长的教育观念和行为发生正向改变，将教育延伸到家庭中，使早期教育真正实现"从0岁开始"的目标。在对婴幼儿实施早期教育的过程中，家长、教育工作者要树立正确的儿童观和教育观，把婴幼儿看作独立存在的、有着独特成长规律的个体，对其实施相互尊重的、充满爱的、潜移默化的教育，为其健康成长奠定基础。

本书是以婴幼儿家庭教育与亲子活动游戏设计与指导为主题的图书。本书所界定的婴幼儿年龄范围为0～3岁。全书共八章。第一章至第三章为理论篇，主要内容为0～3岁婴幼儿家庭教育的基础理论知识，具体包括家庭教育、婴幼儿家庭教育、家庭教育与婴幼儿的全面发展（身体发展、智能发展、情感发展、社会性发展、艺术发展）。第四章至第六章为实践篇，主要内容为0～3岁婴幼儿家庭亲子活动游戏指导，具体包括0～6个月、7～12个月、13～18个月、19～24个月、25～30个月、31～36个月婴幼儿家庭教育的重点和指导目标及相应月龄段婴幼儿家庭亲子活动游戏的指导方案。第七章和第八章是机构篇，主要内容为早教机构和社区对婴幼儿家庭教育的指导，具体包括早教机构的定义和教育意义，早教机构指导婴幼儿家庭教育的原则和途径，社区的定义和特点，社区指导婴幼儿家庭教育的定义、任务和内容。

本书是作者在20年来积累的一线教学经验和研究的基础上，吸收了当前国内外0～3岁婴幼儿家庭教育的新理论和研究得出的成果，书中的亲子活动游戏指导方案具有坚实的理论与实践基础。每章设有"本章学习目标""课后练习题"等部分，既有理论阐述，又有实例列举，既保证了知识学习的系统性，又增强了技能训练的可操作性。

本书的特点如下：第一，突出家庭教育的新理念，婴幼儿发展是婴幼儿教养与家庭教育和早教机构并举的内容，早教机构要向家长传递科学育儿知识，帮助家长提高育儿水平；第二，书中设计的亲子活动游戏的针对性强，把0～3岁婴幼儿分为0～6个月、7～12个月、13～18个月、19～24个月、25～30个月、31～36个月6个月龄段，围绕婴幼儿在这6个月龄段的能力发展和月龄特点进行亲子活动游戏的设计，有助于家长理解、把握0～3岁婴幼儿全面发展的特点与规律，使各个月龄段全面发展的目标更加明确；第三，强调实用性和可操作性，本书作为学前教育专业的教材，在内容上注重理论联系实际，偏重对实践性、应用性知识的阐述，提供了多个0～3岁6个月龄段婴幼儿家庭亲子活动游戏的指导方案，强调对实践操作能力的培养；第四，图文并茂，生动有趣，本书结合婴幼儿全面发展的相关内容，穿插"知识链接"等内容，通过丰富的图片对文字内容进行补充和完善，使内容更加生动活泼、通俗易懂；第五，配套慕课视频，提升了本书的实用性。

由于编者能力有限，本书难免存在一些问题和疏漏，敬请广大读者批评指正！

编　者

2021年5月

目　录

第一章

家庭教育

本章学习目标

1. 掌握家庭和家庭教育的定义。
2. 了解家庭教育的性质和作用。
3. 掌握婴幼儿的共性和个性。
4. 掌握称职父母的典型特征。
5. 了解父母的角色分工及教育责任。
6. 了解祖辈的定义、作用和教育特点。

　　"家庭是儿童的第一所学校，父母是儿童的第一任教师"，这是人们对家庭及家庭教育重要性的最简洁的概括。家庭是人成长的根，家庭教育是一切教育的基础，家庭教育为一个人的一生做了最初和永久的奠基，在人的成长和发展中所起的作用难以估量。家庭和家庭教育既继承、丰富了人类文化，又推动着人类社会文明不断发展。

第一节　家庭教育概述

一、家庭的定义

　　家庭是由具有婚姻关系、血缘关系或领养关系的人们组成的长期共同生活的社会群体，是人类生活中最基本、最重要的一种群体形式，是人类生存过程中出现最早、存在最久的社会群体，是一个世代更替的社会群体。

二、家庭教育的定义

　　学术界对家庭教育的定义有多种不同的表述。例如，《辞海》对家庭教育的解释是"父母或其他年长者在家里对儿童和青少年进行的教育"；顾明远教授主编的《教育大辞典》第一卷把家庭教育定义为"家庭成员之间的相互教育，通常多指父母或其他年长者对儿女辈进行的教育"。

　　广义的家庭教育是指在家庭生活中，家庭成员之间相互施与的一种教育和影响，既包括父母对子女、长者对幼者实施的教育，也包括子女对父母、幼者对长者的影响，甚至包括父母或长者之间、未成年子女之间的相互影响。广义的家庭教育强调家庭成员，尤其是父母与子女之间的平等，重视子女在接受父母的教育时，对父母产生的影响以及父母对子女进行教育时，子女的反馈。父母或其他长者对子女或幼者进行教育的同时，必然也会从子女或幼者的言语行为中受到影响和教育，在这个互动过程中，双方同时接受陶冶，获得发展。

狭义的家庭教育是指在家庭生活中，父母或其他长者自觉地、有意识地对子女和其他幼者进行的教育和施加的影响。虽然家庭教育是一个亲子互动的过程，是父母与子女、长者与幼者相互影响的过程，但在这个互动过程中起主导作用的是父母或长者。父母或长者对子女或幼者进行教育是家庭教育的主要形式，尤其是在子女或幼者进入社会、独立生活之前的这段时期。

本书探讨的家庭教育，主要是指家长对0～3岁婴幼儿进行的教育，使用的是狭义的家庭教育的定义。

三、家庭教育的性质

1. 家庭教育是私人教育

从教育者与受教育者之间的关系来看，教育分为两类：一类是公共教育（如学校教育和社会教育），另一类是私人教育（如家庭教育）。

在公共教育中，教育者与受教育者之间仅仅是教育与受教育、教与学的关系，不存在血缘和隶属关系，实施这种教育不是为了实现教育者个人的切身利益，这种教育也不是按照教育者个人的主观意志实施的，它必须接受国家公共权力的管理和社会的监督。

家庭教育是指在家庭内由家长实施的个体行为，具有很强的独立性和自主性，属于私人教育。家庭中的教育者与受教育者首先存在血缘和依附关系，其次才是教育与受教育的关系。在家庭中，在究竟对子女实施什么样的教育、如何实施教育、要把子女培养成什么样的人等方面，家长拥有很大的自主权。社会和他人不能随意对家长进行直接干预，只能采取多种方式进行宣传、渗透和引导。

家庭教育虽然属于私人教育，但不能完全独立于社会之外。家庭是社会的"细胞"，社会政治、经济和文化的变革必然会通过各种途径渗透家庭生活，影响家庭教育的实施。在现代社会中，家庭教育已成为国家教育事业的重要组成部分，国家和社会对家庭教育的干预呈现出不断增强的趋势。

2. 家庭教育是非正规教育

从教育过程实施的组织形式来看，教育分为有严密组织的正规教育（如各级各类学校教育）和没有严密组织的非正规教育（如家庭教育）两类。

正规教育有专门的组织机构，有受过训练的专业教育者，是一种有组织、有目的、有计划、有系统、有考核要求、有统一标准的教育形式。非正规教育一方面是指每个人从日常生活经验和生活环境（家庭、工作单位、社会）中学习和积累知识技能的过程，另一方面是指在正规教育制度以外所进行的，为成人和儿童有选择地提供学习形式的有组织、有系统的活动，包括各种岗位培训、校外教育、继续教育等。

家庭教育属于非正规教育。家长一般未经过教育方面的专业训练，也不是专业教育者，但只要生育了子女，家长自然就成了教育者；家庭教育的目的、内容没有统一的要求，究竟实施什么样的教育、把子女培养成什么样的人，主要由家长的主观意志决定，政府和其他社会组织只能进行指导而无权进行直接干预；家庭教育没有固定的模式、时间和地点，一般是寓教育于日常生活之中的，随时随地实施。家庭教育更多的是通过家长在家庭生活中的言行和表率作用来实现的，子女主要通过模仿家长进行学习，即使家长本身并没有意识到，这种潜移默化的影响也是客观存在的，而且是深刻的、广泛的、全方位的。

3. 家庭教育是持续终身的教育

从教育过程实施的持续时间来说，教育分为阶段性教育和终身教育两类。

学校教育和社会教育是阶段性教育，虽然系统的学校教育要连续实施相当长的一段时间，但也只是整个人生历程中的一段。

家庭教育是一种稳定的、持久的终身教育。一般情况下，家长是不变的，家庭相对于其他社会组织具有很强的稳定性、持久性。家庭伴随人的一生，从出生、入学到长大成人、进入社会之前，子女大多是和家长生活在一起的，与家长朝夕相处，接受家长的影响和教育。即使在子女成家立业之后，家长也会经常教育子女。家长对子女的家庭教育具有稳定性和持久性，是典型的终身教育。

四、家庭教育的作用

1. 家庭教育为个体的社会化奠基

家庭是个体的出生地，是实现其社会化的发源地，个体最初的社会化是在家庭中实现的。在与其他家庭成员的共同生活中，子女通过对家长的模仿和学习，获得了最初的生活经验、生存技能，获得了对社会的最初认识，逐步懂得了最基本的社会规范。家庭教育为个体的社会化奠定了最初的、也是最重要的基础。

2. 家庭教育对个体个性的发展具有深刻影响

个体社会化的过程也是个体个性发展的过程。个体的个性是在其社会化过程中逐渐形成和发展起来的。在个体个性差异的形成过程中，遗传因素是生理基础和物质前提，后天的环境、教育和社会实践对个体个性起着决定性作用。家庭教育的诸多因素，包括家长的教育目标、教育内容、教育态度、教育方式及教育环境等，都会在不同程度上对个体个性的形成和发展产生潜移默化的影响。

3. 家庭教育是人才成长的重要因素

家庭是人才成长的摇篮。父母的优生优育为人才成长提供了先天条件，家庭对子女后天的培养是人才成长的重要因素。儿童的心理发展存在关键期，其中许多方面的关键期是0～3岁的婴幼儿时期。家长应针对婴幼儿的年龄特点及个性差异，在关键期给予适宜的教育训练，充分挖掘婴幼儿的潜能，以取得更好的教育效果。

4. 家庭教育是推动社会文明进步的重要力量

教育学家福禄贝尔说过："国民的命运，与其说是掌握在掌权者的手中，倒不如说是掌握在母亲的手中。"这句话深刻地说明了家庭教育在社会发展中所起的作用。家庭是最普遍的社会群体，是社会的"细胞"，整个社会就是由千千万万个家庭组成的。家庭教育是最具广泛性和群众性的教育，家庭教育的质量直接影响着国民素质与国家综合实力，影响着社会的稳定与发展。

【知识链接】

中国家庭教育现代化的政策与要点分析

《中国教育现代化2035》是第一个以现代化为主题的战略规划，是标志中国教育现代化的重要里程碑。中国特色社会主义教育现代化包括学校教育现代化、家庭教育现代化和社会教育现代化3个方面，换句话说，只有实现了学校教育、家庭教育和社会教育的现代化，才真正实现了中国教育的现代化。中国教育现代化"一个都不能少"！

新时代教育的一个重要特点是家庭教育的基础性作用、战略性意义不断凸显，高质量的家庭教育需求成为教育发展不平衡不充分矛盾的主要表现之一，家庭教育成为未来中国教育新的重要增长点。现代化的教育体系需要现代化的家庭教育，在推进和实施《中国教育现代化2035》的过程中，我们需要也必须对家庭教育现代化的性质、动力、过程及有关问题进行探索与研究。

家庭教育现代化是指家庭教育现代性持续增长和实现的过程，家庭教育现代化需要对传统家庭教育和现代家庭教育的区别、转换方式和实现路径进行分析与研究。家庭教育现代化主要体现在家庭教育思想现代化、家庭教育内容现代化、家庭教育体系现代化和家庭教育功能现代化4个方面。多元性、开放性、科学性、终身性是家庭教育现代化的基本特征。

（一）多元性

多元的家庭产生多元的家庭教育，家庭文化的多元性是家庭教育多元性的现实基础和必然产物。近20年来，家庭教育现代化的理论更加强调实现路径的多元性和模式的多元性。由于国家、区域、民族文化的多样化和差异性，以父母为基础的家庭文化和家庭教育呈现复杂性的特点，可以说有什么样的家庭就有什么样的家庭教育，甚至有多少个家庭就会有多少种家庭教育。一方面，现代化的家庭教育一定是文化、内容、模式、路径选择等多维度的现代化。另一方面，家庭教育是一个合作育人体系。个人成长目标、家庭培养目标与国家人才目标的同质性大大增强，家校合作、家社合作育人体系正在持续构建，家庭教育正逐步成为一个融合发展体系。必须强调的是，培养人才是教育的不变之道。现代化家庭教育体系是一个复杂的综合体，《中国教育现代化2035》明确提出要"推动学校教育、社会教育、家庭教育有机结合"，使其有效衔接，相互配合。

（二）开放性

在法律上，传统家庭一直把家庭教育视为一种家族或家庭在相对封闭的环境下的私权行为。现代社会的开放性直接影响了每个家庭，由于家庭教育、社会教育和学校教育之间具有的必然联系，家庭教育的开放性、公共性和公益性不断增强，国家和政府十分谨慎地将家庭教育部分纳入了公共教育服务体系。儿童早期的成长和习惯直接影响正规教育的质量，家庭教育的质量甚至在一定程度上决定了学校教育的质量。

家庭教育现代化的一个基本特征是开放性。从现代化的视角分析，一方面，家庭的私密性，决定了家庭教育活动的封闭性。现代家庭教育是一个半开放的体系，家庭及家庭成员是家庭教育整体过程的参与主体。另一方面，现代家庭告别了完全封闭的家庭活动模式，在开放社会、互联网影响下的家庭教育越来越具有开放性，家庭教育的公共性、公益性日益增强。家庭教育的封闭性被消除，家庭教育的思想理念、教育内容、教育方法日益走向开放。开放、包容、融合是一组概念，现代家庭教育的开放性，必然带来思想、理论、内容与方法的包容性，必然带来培养体系、培养目标、培养方法的融合性。家庭教育、学校教育、社会教育相互融合，已经成为时代趋势。

（三）科学性

"家庭教育之母"、英国著名教育家夏洛特·梅森（1842—1923）在其著作《家庭教育——0～9岁儿童训练与培养方案》一书的序言中强调："在家庭内外，教育的前景模糊不清，灰暗一片。科学应作为教育的主要学科。"科学性是对家庭教育规律的认识和把握。丰富的家庭教育资源是支持家庭教育发展必不可少的条件，包括家庭教育物质资源、家庭教育文化资源、家庭教育人力资源、家庭教育科技资源和家庭教育政策资源。科学性是对家庭教育内容与方法的丰富。家庭教育的科学性主要体现在3个层面：一是现代家庭教育高度重视科学精神和民主精神的培养；二是引入科学育儿、科学育人的理论与方法，促进所有家庭成员乐观向上、健康成长；三是养成科学、理性的生活方式，促进自然、社会和家庭的可持续发展，提高家庭成员的整体发展质量。

《中国教育现代化2035》提出："丰富家庭教育资源，加强对家长的教育指导服务，通过家长学校、家长会、家长委员会等多种形式，引导家长树立正确的教育观念，掌握科学教育方法，注重家风建设，推进家庭学校共同育人。"家庭教育、学校教育和社会教育在培养目标上的同质性进一步增强，面向现代化、面向世界、面向未来培养社会主义建设者和接班人，培养担当民族复兴大任的一代新人，不仅是学校教育的责任，也是家庭教育的期望和责任。

（四）终身性

现代家庭教育具有空间上的全方位和时间上的终身性之双重特点。家庭教育是一个终身学习体系。家庭教育包括儿童教育、成年教育和老年教育3个重要时段，是一种持续终身的教育活动。

（资料来源：人民网《中国家庭教育现代化的政策与要点分析》）

【知识链接】

家庭教育的12条法则

1. 归属法则：保证儿童在健康的家庭环境中成长。
2. 希望法则：永远让儿童看到希望。
3. 力量法则：永远不要与儿童争强。
4. 管理法则：在儿童成年以前，管束是父母的责任。

5. 声音法则：尽管儿童在家里没有决定权，但是一定要倾听他们的声音。

6. 榜样法则：言传身教对儿童的影响是巨大的。

7. 求同存异法则：尊重儿童对世界的看法，并尽量理解他们。

8. 惩罚法则：惩罚容易使儿童产生逆反和报复心理，慎用。

9. 后果法则：让儿童了解其行为在现实世界中可能产生的后果。

10. 结构法则：教育儿童从小了解道德和法律的界限。

11. "20码"法则：培养儿童的独立意识，父母与其至少保持20码（1码约为0.91米）的距离。

12. "4W"法则：任何情况下都要了解儿童与什么人（Who）在一起、在什么地方（Where）、在做什么事（What），以及什么时候回家（When）。

从这12条法则可以看出，家庭教育与读书、学习、成绩、升学等方面关系不大，而是更注重对为人和品德修养的培养。

（资料来源：六一儿童网《12条家教法则》）

第二节　婴幼儿的共性和个性

一、婴幼儿的共性

在人性化环境中成长起来的婴幼儿乐于参与活动、积极上进，他们对任何问题都充满好奇心和探索欲。大多数婴幼儿相信这个世界和世界上的人都是友好的，他们以积极的态度面对周围的世界，对能力和知识的习得有着巨大的热情和活力。婴幼儿在人生最初的几年里习得能力和知识的速度和效率是之后任何时段的学习都不能比拟的。

1. 与年龄相关的共性

每个婴幼儿都是独特的，但他们也有着共通之处。所有的婴幼儿都需要人性化的环境、值得信赖的成人、稳定感和安全感、日益增强的自主权、能力感及自尊感等。在婴幼儿发展的早期阶段，家长可以通过婴幼儿的一些共同的特征和技能来识别其所处的年龄阶段。

（1）刚出生的婴儿

婴儿出生后的第一年是其一生中最关键的一年，他们在这一年里会发生许多惊人的变化。婴儿最早的活动是反射性活动，但很快就会发展为更有目的性的活动。在出生后第一年的前半年，婴儿开始掌握伸手抓握物品、翻身、借助支撑物坐直身体的技能。在出生后第一年的后半年，婴儿开始掌握用指尖抓握（用大拇指和食指握住）物品、爬、独自站立或独自行走的技能。婴儿通过运用日益增强的肌肉运动技能及获得的感知信息来认识和理解世界。在社交方面，婴儿可以认识对他们来说重要的人，尤其是父母和教养人。最初，这种亲密关系表现为婴儿的目光追随，随后转变为婴儿对着成人微笑，不久又转变为婴儿跟在成人身后爬行。快满1周岁时，婴儿会对父母和教养人表现出强烈的依恋情感，而对陌生人则可能表现出恐惧和不情愿。婴儿非常擅长交流，他们的语言理解力也在日益增强，在能够说出清晰的词语之前，他们会用"咿呀语"与成人"交谈"。第一年结束时，婴儿往往能清晰地说出第一个词语，这个词语通常与社会关系有关，如妈妈或爸爸。

（2）1岁的婴幼儿

1岁的婴幼儿被称为学步儿。这个阶段的婴幼儿开始进入一个尚待探索、充满奇迹的世界。这个阶段的婴幼儿通过活动不断习得技能，可以稳步行走、跑步、倒退和爬楼梯等。这个阶段的婴幼儿的手指控制能力日益增强，他们在吃饭时喜欢自己抓握食物，喝水时喜欢自己使用勺子或杯子。这个阶段的婴幼儿变得更加独立，可以独自做很多事情。这个阶段的婴幼儿的语言能力迅速增强，发音变得更加清楚，用词也变得多样化。他们的词汇量从最初的几个词语变为熟练掌握的约300个词语，他们从说单词句变为说双词句。在1岁的后半年，婴幼儿开始获得在头脑中反映物体和事件的能力。例如，这个阶段的婴幼儿能模仿别人的动作或参与简单的装扮游戏。这个阶段的婴幼儿对其他婴幼儿抱有极大的兴趣，但是他们的游戏还是平行式的而非交互式的。这个阶段的婴幼儿仅仅关注自身的需求，不能将个人的需求置于别人的需求环境之中。

（3）2岁的婴幼儿

2岁的婴幼儿处于从婴儿期向幼儿期过渡的阶段，处在习得并热切使用许多新技能的阶段，尤其是语言运用和动作控制。在这一年里，婴幼儿的身体控制能力不断增强。例如，他们脱离了婴儿期摇摇晃晃行走的状态，能更加自信地行走和跑动，逐渐增强的手指控制能力使他们能够参与简单的智力游戏或使用餐具。在这一年，他们的语言能力飞速发展、沟通能力不断增强，他们的词汇量、使用的句子长度和语法水平日益提高。他们的自理技能在这一年也明显增强，这个阶段的大多数婴幼儿经过训练可以独自上厕所。在掌握运动、语言和自理技能的过程中，婴幼儿的独立性也得到了锻炼。

这个阶段的婴幼儿参与活动只是为了让自己开心，而非要达到一定的目的。例如，他们跑步是为了体验快乐，而不是要快速到达某地；他们绘画是为了体验绘画过程，而非对完成一幅作品感兴趣。他们怀着极大的热情，全身心地投入各种活动，包括绘画、玩橡皮泥、倾倒水和沙、读书等。他们尤其喜欢运用触觉、味觉、嗅觉、视觉和听觉来感知这个世界。这个阶段的婴幼儿喜欢重复，他们喜欢重复使用刚刚掌握的技能。

这个阶段的婴幼儿在与同伴交往时更多地表现为凑在一起却各自玩耍，而非进行互动，但他们逐渐开始掌握一些社交技能。通常情况下，这个阶段的婴幼儿不合作、不分享、自制力有限，他们会通过从同伴手中抢夺自己喜欢的玩具或发脾气来表达其日益增强的独立性和自信。发脾气在这个阶段的婴幼儿中很常见，有限的语言能力使他们不能充分表达自己的需求，他们也不擅长延缓欲望，不能忍受要等待一会儿才能拿到自己"马上"想要的物品。

（4）3岁的婴幼儿

这个阶段的婴幼儿已经真正告别婴儿时代，他们不仅在相貌上摆脱了"婴儿肥"，而且在技能水平上也不断提高，他们的平衡能力和控制能力的增强在大肌肉动作、精细动作和生活自理方面表现得尤为明显。他们喜欢用新技能帮助和取悦成人。

这个阶段的婴幼儿的话语大多是清晰可辨的，由长句构成。语言成为他们进行社交与认知活动的更有效的工具。他们参与交谈的范围更广，会与他人进行交流，会提问，也会回答问题。他们经常会提出各种问题，会不停地问"为什么"。他们的词汇量继续迅速增加，语法也更加准确。

明显增强的语言能力有利于这个阶段的婴幼儿之间进行互动。与3岁以下的婴幼儿相比，这个阶段的婴幼儿的社交意识更强烈。在参与一些游戏活动时，他们会和同伴一起玩，开始建立短暂的友谊。他们解决社交问题的能力也从此时开始发展。

2．自尊

对自我感觉良好的需求是所有婴幼儿的共性。婴幼儿自我概念的形成，主要源于生活中对他们而言重要的人对他们的回应。自尊是自我概念的一个方面，指个体对自我价值的正面或负面的评估。这种评估可以告诉婴幼儿，他们很有能力、很重要，或者他们没有能力、不重要。研究表明，自我感觉良好的婴幼儿对同伴更友善且乐于助人。

3．大脑与婴幼儿发展的关系

与感知和语言发展有关的大脑区域在个体出生后的第一年发育得最快，而认知发展的高峰期则出现在2～3岁。大脑在发展的早期具有极强的可塑性，所以早期教育非常关键，并且大脑的发育速度会随着婴幼儿年龄的增长而变缓，尤其是在3岁以后。早期教育对大脑发育的强烈影响使早期既是大脑发育的机遇期，也是脆弱期。不同的脑部区域在不同的年龄段发挥着不同的作用。

4．游戏

游戏是婴幼儿的天性与权利。婴幼儿天生好动、充满好奇心，具有强烈的游戏欲望。游戏是婴幼儿精神世界的全面展示，是婴幼儿最有效的学习形式，是他们和周围世界互动的基本方式。游戏可以激发婴幼儿的求知欲，调动婴幼儿学习的积极性、主动性、创造性，使婴幼儿对各种事物、各种活动产生兴趣，引导婴幼儿在玩中学、在学中长。

【知识链接】

游戏对婴幼儿发展的意义

1．游戏能促进婴幼儿身体的发展

婴幼儿时期是个体生长发育十分迅速的时期。游戏是促进婴幼儿身体发育的有效活动之一。在游戏中，婴幼儿可以与阳光、空气和水充分接触，不仅能增强机体对疾病的抵抗能力，还可以增强机体的协调性、平衡性、灵活性。

2．游戏能促进婴幼儿语言交往能力的发展

语言交往能力是婴幼儿适应生活、适应未来发展应具备的一种基本能力，游戏是培养婴幼儿语言交往能力的重要途径。对于婴幼儿来说，游戏是他们最早、最基本的交往活动，游戏过程本身也是婴幼儿与他人交往的过程。婴幼儿在游戏中常常需要将视觉信息、听觉信息以及主观感受、愿望或要求转换成语言，或者根据别人的意图做出语言反应。在游戏中，婴幼儿使用交往语言与成人、同伴开展双向互动。交往语言是婴幼儿在主动参与游戏的过程中构建起来的。

3．游戏能促进婴幼儿社会性的发展

婴幼儿时期是个体社会性发展的关键期，游戏作为婴幼儿的基本活动之一，对促进其社会性发展有着极其重要的价值。游戏能使婴幼儿获得更多关于适应社会环境的知识和处理人际关系的态度和技能。无论是在自我意识和社会角色的发展中，还是在道德品质的发展中，游戏都发挥着重要的作用。

4．游戏有利于婴幼儿自主性、探索性、独立发现和解决问题能力的发展

游戏是婴幼儿最喜爱的活动之一，是婴幼儿实现自主性、创造性成长的一种方式。游戏与发现问题、解决问题自然地融为一体，为婴幼儿提供了自由探索、大胆想象的机会。婴幼儿在实现游戏意图的过程中会不断地碰到这样或那样的问题，他们需要思考不同的问题，探索解决问题的各种方法，体会其中的乐趣，使游戏得以继续，从而最终实现相关能力的发展。

5．游戏能促进婴幼儿创造力的发展

游戏是培养婴幼儿创造力的重要手段之一。心理学家把婴幼儿的创造力描述为"回忆过去的经验，并对这些经验进行选择、重新组合，以加工成新的模式、新的思路或新的产品"的能力。游戏能够满足婴幼儿从外界吸取知识和经验后，把自己头脑中丰富的想象表达出来的需要。

游戏不仅能使婴幼儿拥有快乐的童年，还能为婴幼儿的终身学习奠定良好的素质基础。

（资料来源：安徽省中小学教师教育网《游戏对幼儿发展的意义》）

二、婴幼儿的个性

婴幼儿有许多共性，但是每个婴幼儿也都具有不同于其他婴幼儿的个性。

1．气质

气质是指婴幼儿与生俱来的、与他人不同的生物学特征，如规律性、适应性和性情等。

（1）每个婴幼儿天生都具有独特的气质

每个婴幼儿都具有与众不同的一面，但婴幼儿的行为或反应模式在一定程度上具有一贯性。在相同或相似的情境下，家长可以通过婴幼儿以往的表现预测其可能出现的行为或反应模式。不同的婴幼儿对同一事物可能会有完全不同的反应，这是由婴幼儿固有的生物学特征决定的。

（2）婴幼儿气质会影响婴幼儿的行为和情绪反应

气质影响人们对人、事以及世界的认知，作为行为诱因的思想或内在情感、认知等都会受到气质的影响。气质与婴幼儿的行为、情绪有着密切的联系，气质不同的婴幼儿，即便面对同样的事情，其感觉、看法或行为反应都会有差异。

（3）婴幼儿的气质具有一定的稳定性

婴幼儿的气质与生俱来，具有一定的稳定性，难以改变。如果家长试图改变婴幼儿的气质，结果往往只会让婴幼儿和家长都感到失望，而且婴幼儿的发展很有可能与家长的期

望南辕北辙。

（4）婴幼儿的气质在某些情况下会表现得更加明显

一个人在面对困难时表现出的态度和反应模式最能体现其性格特质。婴幼儿的气质在其遇到变化或精神正承受压力的时候，往往也会表现得更为明显。

（5）对婴幼儿进行"适合气质的养育"

20世纪50年代，美国最早从事婴幼儿气质研究的切斯博士和托马斯博士在探索适合婴幼儿气质的养育方法时，提出了"最佳适配状态"的新概念。最佳适配状态是指家长和周围的生活环境对婴幼儿的期望或要求、为婴幼儿提供的机会等因素恰好与婴幼儿的气质达到"良好契合"的状态。当婴幼儿的气质与家长的期望和谐一致、"良好契合"时，婴幼儿的发展前景往往是令人乐观的；相反，当婴幼儿的气质与家长的期望相背离时，在婴幼儿的成长过程中则会出现各种矛盾冲突和问题。良好的家庭教育要求家长为婴幼儿提供适合其气质的成长环境和条件，提出了与其气质相符的具体要求和期望。

【知识链接】

怎样看待婴幼儿的气质

家长在看待婴幼儿的气质时，必须把握以下重要原则。

1. 不可单以某些特质来评估婴幼儿

气质的评估需要整体的判断，不可仅凭几个明显的特质就断言婴幼儿属于何种气质。家长应试着以客观的态度，回想婴幼儿从小到大的反应倾向，长期观察婴幼儿的行为模式，这样才能够真正了解婴幼儿的气质。

2. 接受并尊重婴幼儿的气质

尽管婴幼儿的气质会影响家长教养的方式及难易度，但不管这个挑战有多么艰难，家长都必须接受。婴幼儿各有各的长处，乖巧的婴幼儿贴心懂事，调皮的婴幼儿聪明灵活，只要家长懂得欣赏，每个婴幼儿都是可爱的"小天使"。

3. 冷静面对婴幼儿的不当行为

了解婴幼儿的气质，家长才能预见婴幼儿在什么情况下会有什么反应，也因此能够对婴幼儿的行为多一些谅解，并且改变自己不合理的期待。一个老是闯祸的婴幼儿，或许只是天生具备好动又好奇的特质。如果家长一直用打骂来回应婴幼儿的行为，未必能够降低婴幼儿闯祸的频率，反而会让婴幼儿倍感挫折，觉得自己是个不受人喜爱的孩子。

4. 避免给婴幼儿贴标签

对于婴幼儿天生的气质，家长要避免以负面的字眼来形容。例如，不要责骂常惹事的婴幼儿"惹事精""无可救药"等。也许婴幼儿不是故意要闯祸的，造成这样的结果，他也很懊恼呢！婴幼儿的心很敏感，家长要小心呵护，不要伤害他们的自尊心。其实，只要后天的教养得宜，常惹麻烦的婴幼儿长大以后，未必逊色于从小乖巧的婴幼儿。每个婴幼儿的气质不同，如果家长能够实施适当教育，婴幼儿就能朝好的方向发展。

5. 帮助婴幼儿正向发挥个人气质

气质本身并没有好与坏之分，只因为它会影响家长教养的难易程度，于是给人以正面或负面的印象。其实，或许有些气质表现在行为上会令家长困扰，但从另一个角度看，它也可能是优点。例如，情绪反应强烈的婴幼儿，虽然有时脾气大得不得了，有时又会"人来疯"，但这样的婴幼儿善于疏解情绪，比起老是把事闷在心里的婴幼儿，反而比较容易引起家长的注意，使家长能够适时给予协助。

6. 区分天生气质的反应与后天学习的行为

如果家长仅以天生气质来解释婴幼儿的个性与反应，而将婴幼儿的所有不当行为合理化，那是不切实际的。例如，婴幼儿常常打破东西，这究竟是天性好动使然，还是故意要引人注意，家长必须要先分辨婴幼儿行为背后的真实动因，才能做出最适宜的处理。

需要强调的是，无论婴幼儿属于哪一种气质，家长都必须接受。不管婴幼儿是个天生的乖宝宝，还是常让家长头疼的"麻烦制造者"，家长都要以正面的态度看待这些特质，并帮助婴幼儿认识自己的优缺点，使其朝着好的方向发展。气质学说虽能解释婴幼儿的行为倾向，但后天环境对婴幼儿的影响更为深远。

（资料来源：吴航红. 孩子的气质靠培养[M]. 北京：北京工业大学出版社，2012.）

2. 文化

婴幼儿的独特个性也受他们所处的文化环境的影响，家庭系统、交流方式、语言、教育、家庭教养方式和社会价值观等对婴幼儿个性的形成具有十分重要的意义。

【知识链接】

文化的影响作用

1. 文化能够熏陶人、塑造人

人类创造了文化，享受着文化带来的乐趣，文化反过来也能熏陶人、塑造人。文化普遍渗透在风俗习惯、伦理道德、规章制度、法律政策之中，常常表现为某种"隐形"的因素，却能对人产生深远的影响。文化祖祖辈辈代代相传，家家户户耳濡目染，即使是不识字的人也自然浸润其中，受其影响而改变自己。

2. 文化的影响是深刻而持久的

文化对人的影响要经历一个较为缓慢的、长期的过程，但一旦内化为人的态度和信念，就会形成惯性和定式，指导人的行为选择并逐渐形成相对稳定的心理和行为。文化转化为人的思想观念、心理素质、行为方式、生活习惯、思维方式后，具有相对的稳定性和持久性。在各种影响人的个性的因素中，最深刻、最持久的是文化因素。文化对人的影响是一个水滴石穿的过程，也是一个润物细无声的过程。

3. 文化的影响是潜移默化的

人在不同的文化环境中生活，会自觉或不自觉地受到不同的影响，因为文化对人的影响是潜移默化的。每一个人都生活在一定的文化环境中，都会在不知不觉中受到文化的影响。人的社会化过程就是不断接受文化影响，由生物人变成文化人的过程。一个人小到饮食起居、待人接物的方式，大到世界观、人生观、价值观，都是受文化影响的结果。文化影响人的行为方式、交往方式、思维方式、价值观念，影响人的认识活动和实践活动。可以说在一定意义上，人是文化影响的产物。

4. 文化对人的实践和认识有根本性的影响

人的世界观、人生观和价值观，既是各种文化因素交互作用的产物，又是人的文化素养的核心体现和标志，对人的认识和实践活动有根本性的影响。人的世界观、人生观和价值观，往往会以极强的辐射力和穿透力影响人的行为动机和行为的全过程。

（资料来源：沪江高考资源网《高二政治知识点：文化对人的影响》）

第三节 父母的作用和责任

一、父母的作用

父母是婴幼儿终身的老师，不仅孕育了婴幼儿的生命，将婴幼儿培养成健康强壮的人，更重要的是教会了婴幼儿如何在社会中生存和发展。父母的作用主要体现在以下两个方面。

1. 父母在婴幼儿的生长发育过程中起着举足轻重的作用

从怀孕开始，胎儿就在父母的精心关爱下生长发育。婴幼儿刚出生时毫无生活自理能力，对父母有极强的依赖性，离不开父母的精心照顾。

2. 父母是婴幼儿的第一任老师，是他们第一个直接模仿的对象

父母作为特殊的社会角色，在婴幼儿早期社会化的过程中承担着极其重要的责任。父母的道德品质和行为习惯决定了婴幼儿会被培养成什么样的人，他们能给婴幼儿树立一个什么样的榜样。从婴幼儿身心发展的特点来看，婴幼儿在生活上依赖父母，同时由于缺乏生活经验和社会经验，基本没有辨别是非的能力，父母的一言一行在婴幼儿的眼里都是正确的，父母的品格、道德修养、价值观念、行为习惯等成为婴幼儿最初认知社会的标准。模仿是婴幼儿的一种主要学习形式，在日常生活中，婴幼儿在言谈举止方面常常会模仿父母。事实上，父母在婴幼儿学习为人处世方面起着示范作用，婴幼儿通过模仿父母的价值判断和品行，形成对自身的辨别标准和行为准则。

二、称职父母的典型特征

随着时代的发展、社会的进步，父母角色面临着新的挑战，下面将从以下几个方面阐述当代社会称职父母的典型特征。

1. 身体素质

父母的生理遗传素质是婴幼儿体格发展的物质前提。如果父母的身体素质好，一般来说，婴幼儿就比较健康；如果父母的身体素质差，常常会导致婴幼儿先天存在身体素质上的缺陷，特别是母亲怀孕时的健康状况会直接影响胎儿的生长发育。因此，为人父母者有一个健康的身体是非常重要的。

2. 道德品行

称职的父母必须具有相当的道德水准和是非判断能力，以身作则，以自己高尚的人格影响婴幼儿。父母应该告诉婴幼儿哪些行为是正确的，符合道德标准；哪些行为是错误的，违反道德标准，会对他人或社会产生一定的危害，并通过自己的行为对婴幼儿产生影响。父母要对婴幼儿正确的行为给予表扬，对错误的行为给予惩罚，以此来规范婴幼儿的言谈举止，使婴幼儿知道什么是美好的、什么是丑陋的，哪些事情可以做、哪些事情不可以做。

3. 观念意识

父母应该有正确的儿童观，用发展和欣赏的眼光看待婴幼儿、了解婴幼儿，对婴幼儿形成一个正确的认识。父母要客观地认识婴幼儿，发现婴幼儿的长处和不足，因材施教，把握正确的教育观和人才观。

4. 文化修养

称职的父母可以没有很高的学历，但必须要有文化修养，愿意不断学习、接受新知识。现代社会是学习型社会，父母应该是婴幼儿终身学习的典范，从小养成爱学习的习惯将使婴幼儿受益终身。父母要不断地用知识充实自己，不断地提高文化修养，为婴幼儿树立榜样。

5. 人生态度

父母的人生态度会对婴幼儿产生深刻影响。在积极、热情、乐观的父母的影响下，婴幼儿往往会比较活泼开朗、善于与他人相处；而在消极、冷漠、悲观的父母的影响下，婴幼儿往往会比较孤僻、内向、缺乏自信。称职的父母会有意识地培养婴幼儿形成积极的人生态度，以饱满的热情投身于生活、工作，奋发向上，不断挑战自我，不断绽放出生命的火花。称职的父母总是在不断地以新的内容、新的方式来适应成长中的婴幼儿，与婴幼儿一起成长。

【知识链接】

郑板桥教子

郑板桥（1693—1765）是清朝"扬州八怪"之一。他在山东潍县（今山东省潍坊市）当县官时，将儿子小宝留在兴化乡下的弟弟家。

小宝6岁时上私塾了。为了教育儿子，郑板桥专门给弟弟郑墨写了一封信，信中写道："余五十二岁始得一子，岂有不爱之理！然爱之必以其道，虽嬉戏玩耍，务令忠厚，毋为刻急也。"

他的"道"是什么呢？他说："读书中举，中进士做官，此是小事，第一要明理做个好人。"郑板桥自己就是个读书人，所以他这话并不是看不起读书人，而是看不起读书就是为了做官的人。

郑板桥最重视的还是对儿子的品德的培养。他对弟弟说："我不在家，儿子便是你管束，要须长其忠厚之情，驱其残忍之性，不得以为犹子而姑纵惜也。"

他主张，他的孩子和仆人的儿女应得到平等对待。他说："家人儿女，总是天地间一般人，当一般爱惜，不可使吾儿凌虐他。凡鱼飧果饼，宜均分散给。大家欢嬉跳跃。若吾儿坐食好物，令家人子远而面望，不得一沾唇齿；其父母见而怜之，无可如何，呼之使去。岂非割心剜肉乎！"

为了教育儿子"明好人之理""爱天下农夫"，郑板桥还抄录了使小宝且念且唱、顺口好读的4首诗歌。

> 二月卖新丝，五月粜新谷。
> 医得眼前疮，剜却心头肉。
>
> 锄禾日当午，汗滴禾下土。
> 谁知盘中餐，粒粒皆辛苦。
>
> 昨日入城市，归来泪满巾。
> 遍身罗绮者，不是养蚕人。
>
> 九九八十一，穷汉受罪毕。
> 才拟展脚眠，蚊虫猫蚤出。

后来，郑板桥不放心小宝，就把他接到身边，经常教育小宝要懂得吃饭穿衣的艰难，要同情穷苦的人。由于郑板桥的严格教育和言传身教，小宝进步得很快。当时潍县正值灾荒，郑板桥一向清贫，家里也未多存一粒粮食。一天，小宝哭着说："妈妈，我肚子饿！"妈妈拿出一个窝头塞在小宝手里说："这是你爹中午省下的，快拿去吃吧！"小宝跳着走到门外，高高兴兴地吃着窝头。这时，一个光着脚的小女孩站在旁边，看着他吃，小宝发现了这个用饥饿的眼神看着他的小女孩，立刻把窝头分给小女孩一半。郑板桥得知小宝的举动，高兴地对着小宝说："孩子，你做得对，爹爹喜欢你。"

（资料来源：吴航红. 孩子的气质靠培养[M]. 北京：北京工业大学出版社，2012.）

三、父母的角色分工及教育责任

由于父母在性别、生理等方面存在差异，父亲与母亲在家庭中会进行分工，传统的角色分工是父亲赚钱供养家人，母亲在家养育儿女、操持家务。但是随着社会的发展，母亲普遍成为职业女性，父母双方共同承担教养婴幼儿的责任是大多数家庭的教育模式。

1. 父亲的教育责任

父亲在婴幼儿的成长过程中起着至关重要的作用，父亲能给婴幼儿带来稳定、安全的心理感觉，父亲是力量的象征，父亲主动参与家庭教育可以增强婴幼儿的兴趣和自信，父亲要尽可能地处理工作和生活的关系，有意识地利用一切机会承担父亲的教育责任。

2. 母亲的教育责任

母亲不仅孕育了生命，还延续了人类文明。对婴幼儿来说，任何人都无法替代母亲，母亲的微笑和抚摸能给他们带来无限的愉悦和满足，这对促进婴幼儿的身心健康发展是极其重要的。母亲要尽可能地处理好工作和生活的关系，多与婴幼儿交流接触，更好地承担起教养婴幼儿的职责。

第四节　祖辈的定义、作用和教育特点

一、祖辈的定义

祖辈是指婴幼儿父母的长辈，如祖父、祖母、外祖父、外祖母。在我国家庭中，祖辈抚养孙辈的现象是非常普遍的。

二、祖辈的作用

在我国的家庭教育中，祖辈发挥着重要的作用，主要体现在以下几个方面。

（1）承担部分家务劳动，在生活上帮助儿女解决后顾之忧，满足婴幼儿对亲情的渴望。

（2）弥补年轻父母在家庭教育方面的不足。

（3）继承传统文化思想，将我国优秀的道德观念一代一代地传递下去。

祖辈是我国家庭教育研究中一个不可忽视的群体，他们自身的特点造就了他们教育孙辈的特点。

三、祖辈的教育特点

祖辈与孙辈之间的关系不同于父母与子女之间的关系，从血缘角度来看，他们之间隔了一代；但从社会学角度来看，老人在孙辈身上可以再度体验到后继有人的成就感。祖辈教育孙辈的一个最大的特点是"爱"，有些祖辈甚至到了溺爱的地步，成了孙辈的"保护伞"。当父母要批评教育婴幼儿的时候，他们会寻求祖父母的庇护，造成家庭教育的不一致，对婴幼儿的成长产生不利的影响。因此，祖辈要理智地爱孙辈，与父母协调一致地进行家庭教育。与年轻父母相比，他们的文化知识、外界信息、身体状况等可能稍显逊色，

他们在家庭教育中应扮演配合的角色。家庭对婴幼儿的教育应以父母为主，祖辈协助支持。

祖辈家庭教育具有较好的继承性，这种继承性通常被称为家风。家风是指一个家庭长期以来形成的较为稳定的生活作风、生活方式、生活习惯、道德规范等，如《家训》之类的典籍就是对家风的文字记载。大多数家庭的家风是无形的，依靠孙辈对祖辈的模仿得以传承。祖辈在日常生活中以身作则、身体力行，给孙辈树立一个良好的榜样，才能将家族历代成员共同努力而建成的良好风尚代代相传。

祖辈的教育具有局限性。这种局限性表现在教育条件的不平衡，有些祖辈文化修养高、道德品质好，生活条件较好，有充足的时间和精力；有些祖辈与子女关系紧张，家庭居住条件差，自身存在种种生活陋习，这些祖辈不能给孙辈以积极的教育。因此，不是所有的祖辈都能给予孙辈必要的正确教育。另外，有些祖辈的思想比较封闭，接受新事物、新信息的能力比较弱，滞后于社会的发展。

【知识链接】

父母与祖辈的教育方法不一致，怎么办

1. 现象

当代社会，父母因为忙于工作，往往需要与祖辈一起照顾婴幼儿。这样做虽然为父母解除了后顾之忧，但同时也带来了新的困扰，教育方法与祖辈不一致导致婴幼儿的成长出现了很多问题，父母不知如何是好。

2. 原因

父母与祖辈因为年龄的差距、知识的储备和育儿经验的不同，在教育婴幼儿的问题上有很多不一致的做法。祖辈照顾婴幼儿时经常从已有的经验出发，容易溺爱婴幼儿，照顾得过于细致；父母则可能掌握了一些较新的方式方法，对婴幼儿要求得比较严格。

3. 方法

（1）父母与祖辈不要一味地埋怨对方的教育方法不对。埋怨对方只会产生不良的效果，不仅解决不了问题，而且会加深矛盾。

（2）父母可以通过阅读、听讲座等方式学习一些科学的育儿方法，并将其运用到家庭教育中，营造科学育儿的氛围，从而影响祖辈。

（3）父母应经常与祖辈沟通教育经验。父母可以与祖辈讨论婴幼儿的行为表现，交流彼此的看法，进行育儿方法的切磋，通过沟通达到更好地教育婴幼儿的目的。

（4）父母可以委婉地向祖辈提出建议。尽管祖辈的行为表现与自己不一致，但他们与自己的目标是一致的，都想让婴幼儿健康成长。如果祖辈缺乏现代教育理念和教育方法，父母可以委婉地向祖辈提出有利于婴幼儿发展的建议。

（5）父母能自己教养婴幼儿就尽量自己。很多研究发现，隔代教育弊多利少，经常出现溺爱、无原则满足、与婴幼儿玩耍时间少、对婴幼儿观察了解少等问题，父母要尽量克服困难，多腾出时间来照顾婴幼儿。

（资料来源：李营. 0～3岁婴幼儿潜能开发与游戏指导[M]. 北京：人民邮电出版社，2018.）

课后练习题

1. 简述家庭教育的性质和作用。
2. 简述婴幼儿的共性和个性。
3. 简述称职父母的典型特征。
4. 简述祖辈的教育特点。

第二章

婴幼儿家庭教育

本章学习目标

1. 掌握婴幼儿家庭教育的目的和内容。
2. 掌握婴幼儿家庭教育的特点。
3. 学会运用婴幼儿家庭教育的原则和方法。
4. 掌握婴幼儿家庭教育的制约因素。
5. 了解婴幼儿家庭教育的发展趋势。

随着时代的发展，婴幼儿家庭教育也发生了巨大的变化，传统的婴幼儿家庭教育正在面临严峻的挑战。家长应顺应时代潮流，调整婴幼儿家庭教育的方法，实施现代化的婴幼儿家庭教育。

第一节　婴幼儿家庭教育的目的、内容和特点

婴幼儿家庭教育是指在家庭生活中，由家长（主要是父母或其他长者）对婴幼儿施加的影响和进行的教育。家庭是婴幼儿出生后接触的第一个环境，婴幼儿家庭教育对婴幼儿的发展非常重要。

一、婴幼儿家庭教育的目的

婴幼儿家庭教育的目的是家庭教育中的核心问题，联合国教科文组织国际21世纪教育委员会提出：新世纪教育的宗旨是使儿童"学会认知"，善于学习；"学会做事"，具有较强的动手能力、解决问题的能力、人际交往能力和冒险精神；"学会共同生活"，能够了解别人、尊重别人，参与别人的活动，与别人进行合作；"学会生存"，发展体力、记忆力、判断推理能力，增强自主性和责任感，提升审美能力，充分展现自己的人格特征。

我国《上海市0—3岁婴幼儿教养方案》提出的0~3岁婴幼儿家庭教育理念如下。

1. 关爱儿童，满足需求

重视婴幼儿的情感关怀，强调以亲为先、以情为主、关爱儿童、赋予亲情，满足婴幼儿成长的需求。创设良好环境，在宽松的氛围中，让婴幼儿开心、开口、开窍。尊重婴幼儿的意愿，使他们积极主动、健康愉快地成长。

2. 以养为主，教养融合

强调婴幼儿的身心健康是发展的基础。在开展保教工作时，应把儿童的健康、安全及养育工作放在首位。坚持保育与教育紧密结合的原则，保中有教，教中重保，自然渗透，教养合一，促进婴幼儿生理与心理的和谐发展。

3．关注发育，顺应发展

强调全面关心、关注、关怀婴幼儿的成长过程。在教养实践中，要把握成熟阶段和发展过程；关注多元智能和发展差异；关注经验获得的机会和发展潜能。学会尊重婴幼儿身心发展规律，顺应婴幼儿的天性，让他们能在丰富、适宜的环境中自然发展，和谐发展，充实发展。

4．因人而异，开启潜能

重视婴幼儿在发育与健康、感知与运动、认知与语言、情感与社会性等方面的发展差异，提倡更多地实施个别化的教育，使保教工作以自然差异为基础。同时，要充分认识到人生许多良好的品质和智慧的获得均在生命的早期，必须密切关注，把握机会。要提供适宜刺激，诱发多种经验，充分利用日常生活与游戏中的学习情景，开启潜能，推进发展。

二、婴幼儿家庭教育的内容

婴幼儿家庭教育的内容主要包括健康教育、认知教育、品行教育和审美教育等，在不同的方面和年龄阶段，家庭教育的具体任务和基本要求也不同。

1．健康教育

婴幼儿家庭健康教育的主要内容是教给婴幼儿一些简单的生活常识和卫生常识，使婴幼儿养成良好的生活习惯和卫生习惯，激发婴幼儿参与户外锻炼的兴趣和愿望，培养婴幼儿独立生活的能力和自我保护的能力，促进婴幼儿身心健康发展。婴幼儿安全地生存是婴幼儿发展的前提，在对婴幼儿进行健康教育的时候，家长要特别注意婴幼儿的人身安全。

2．认知教育

婴幼儿家庭认知教育的主要内容是丰富婴幼儿的知识经验，激发婴幼儿的学习兴趣，培养婴幼儿的动手、动口、动脑习惯，促进婴幼儿智力能力的发展。语言是人们进行沟通的主要方式，家长在对婴幼儿进行认知教育的时候，要格外重视对其语言能力的培养。

3．品行教育

婴幼儿家庭品行教育的主要内容是培养婴幼儿良好的品德，塑造婴幼儿文明的行为，陶冶婴幼儿积极的情感，增强婴幼儿社会交往的能力，形成婴幼儿活泼开朗的性格。婴幼儿与他人交流和合作的能力对其今后的发展至关重要，家长在对婴幼儿进行品行教育的时候，应对这方面给予特别重视。

4．审美教育

婴幼儿家庭审美教育的主要内容是引导婴幼儿感受美、发现美和表达美，鼓励婴幼儿创造美，塑造婴幼儿美的心灵。在对婴幼儿进行审美教育的时候，家长尤其要重视让婴幼儿用自己的眼睛去发现美、用自己的心灵去体会美、用自己的双手去创造美。

三、婴幼儿家庭教育的特点

婴幼儿家庭教育是发生在家庭的日常生活之中的，对刚出生至入园前的婴幼儿进行的早期教育，与幼儿园教育、社会教育相比，具有以下特点。

1. 早期性与奠基性

婴幼儿家庭教育与其他教育相比，具有天然的早期优势。从胎儿时期开始，婴幼儿家庭教育对一个人的智力发展、道德观念的形成、性格的培养就具有至关重要的启蒙意义。

婴幼儿在早期积累的生活经验对其一生的发展非常重要，婴幼儿家庭教育奠定了婴幼儿接受其他教育的重要基础。家庭是婴幼儿成长的初始环境，家长对婴幼儿实施的教育具有早期性。家庭教育的影响在婴幼儿身上往往会表现出难以磨灭的铭刻性，特别是在良好习惯的培养方面，家庭教育的作用更为明显，从小养成的良好习惯可以使人受益终身。家庭教育形成婴幼儿最初的生活经验，培养婴幼儿最初的主观能动性，这成为婴幼儿个性发展的主观基础和出发点。家庭教育在婴幼儿的成长过程中起着先入为主的定势作用，让婴幼儿在接受其他影响时处于一种"准备状态"。

2. 全面性与广泛性

婴幼儿家庭教育不是片面的、单一的教育，而是一种全面的、广泛的教育。它融合在家庭的日常生活之中，内容极其广泛、丰富。从学习吃饭、走路、穿衣，到学习伦理规范、社会知识、文明习惯、自然知识、生存技能等，都是婴幼儿家庭教育的内容。

3. 自然性与随机性

婴幼儿家庭教育的自然性表现为，家长及其他家庭成员在日常生活中自然显现出来的品行、兴趣、性格、生活方式等会对婴幼儿产生自觉或不自觉的、潜移默化的影响。

婴幼儿家庭教育的随机性表现为，家庭教育一般没有明确的教育目标、教育计划和固定的教材，也没有具备专门知识和技能的专职教师，更没有对教育方法的严格、明确的规定和对教育结果的检查与评定。家庭教育不受时间、地点、场合等条件的限制，家庭成员会根据婴幼儿的实际发展水平，随时调整教育的内容与方法，利用一切可利用的机会对婴幼儿进行教育。

4. 亲情性与权威性

婴幼儿家庭教育是建立在亲子和血缘关系的基础上的，家长对婴幼儿的关切、眷恋和无私的爱会使婴幼儿受到强烈的感染，这种深厚感情在教育过程中会成为一种神奇的催化剂，使教育的力量成倍增长，从而取得理想的教育效果。家长是家庭生活的组织者，婴幼儿在经济上、生活上、感情上都依赖家长，由此形成对家长的信赖感和依恋感，进而建立起家长对婴幼儿的权威。

5. 持久性与连续性

婴幼儿家庭教育是稳定、持久、连续的，不管学校的教师怎样变化，家长的教育方式与风格、家庭的生活环境都是相对稳定的，持续、稳定的家庭教育对婴幼儿良好习惯与性格的形成是十分有利的。家长与婴幼儿相处时间长，有利于家长全面、细致、系统、深入地了解婴幼儿，根据婴幼儿发展的实际水平，循序渐进地实施教育。婴幼儿家庭教育给婴幼儿带来的影响不会随着婴幼儿入园或离开家庭独立生活而失效，而是会在婴幼儿的一生中持续发挥作用。家庭教育不是对婴幼儿的某一个阶段负责，而是对婴幼儿的一生负责，家长教育婴幼儿的责任和义务不是一时、短期的，而是长期、终身的。

6．差异性与继承性

每个家庭都是不同的，尤其是在家长素质、家庭生活氛围、婴幼儿的发展特点等方面，每个家庭对婴幼儿的教育具有明显差异。家庭教育是家长对婴幼儿进行的个别化的、有针对性的教育活动，在了解婴幼儿、因材施教方面，家长具有天然的优势。婴幼儿在家庭中接受父母、祖辈对自己的教育，在自己长大并成家立业后，也会用同样的教育内容、方式和方法去教育自己的后代，用从父母、祖辈那里受到的影响和教育以及由此形成的思想观点、行为习惯和家庭传统，去影响和教育自己的后代，从而实现家教、家风的代代相传。

第二节　婴幼儿家庭教育的原则和方法

一、婴幼儿家庭教育的原则

婴幼儿家庭教育的原则是指婴幼儿的家长在实施家庭教育时必须遵循的基本要求和基本准则。它是依据我国婴幼儿的身心发展特点、个性品德形成的规律，以及婴幼儿家庭教育的任务制定的，是实施良好家庭教育的重要依据。

1．理智性原则

理智性原则是指婴幼儿家长在教育婴幼儿时，除了感性地关爱婴幼儿，还要理智地严格要求婴幼儿，这样才能更科学、有效地促进婴幼儿的健康发展。

（1）理性施爱

爱是教育的基础。家长教育婴幼儿，既不能一味地溺爱、放纵，也不能过分限制、压迫，而要施加一种受理性支配的爱。家长要将感情与理智结合起来施爱，这样才能促进婴幼儿的健康成长。

（2）要求适度

严格要求的教育是认真有效的教育，但严格要求不是提出过分苛刻的、不合理的要求，而是要从教育目标出发，契合婴幼儿的身心发展水平。每一个婴幼儿都是独一无二的，他们具有鲜明的个性，有各种潜在的能力，在成长的过程中还会表现出极为明显的个体差异。家长要了解婴幼儿的成长与发展轨迹，向他们实施适宜的教育，切忌盲目攀比，要理性对待婴幼儿的发展。

（3）严爱结合

严爱结合即将理性施爱和要求适度相结合。严出于爱、爱寓于严，严要合理、爱要适当，该严则严、该爱则爱。在婴幼儿家庭教育实践中，真正做到严爱结合并不是一件容易的事。很多家长在道理上知道应该严爱结合，但当遇到问题，特别是婴幼儿哭闹不止时，往往就会动摇严爱结合的决心，常常以感情代替理智，不能坚持原则。家长要有坚定的教育意志，真正做到严爱结合。

2．主体性原则

主体性原则是指在婴幼儿家庭教育中，家长应尊重婴幼儿的主体地位，发挥婴幼儿的主体作用，调动婴幼儿的主动性、积极性。家长要尊重婴幼儿的人格，把婴幼儿当成朋友，尊重婴幼儿的选择，使婴幼儿真正成为自我发展的主体。

（1）尊重并平等对待婴幼儿

尊重与平等是营造良好家庭氛围的基础。在家庭中，家长应尊重婴幼儿的意见、兴趣和自尊心，不能轻视、压制婴幼儿的正确意见，要让婴幼儿乐于发表自己的见解。尊重婴幼儿是家庭教育的首要原则，爱而不娇、严而有格，宽松而不放任、自由而不放纵，在家庭教育过程中把握好这个"度"，是成功实施家庭教育的秘诀。尊重婴幼儿，以理服人，平等对待婴幼儿，才能使其形成健康的心理。

（2）尊重婴幼儿的人格

家长要把婴幼儿当作一个独立的、有生命的个体。家长的权威应建立在对婴幼儿的尊重上，教育应建立在相互平等的地位上。婴幼儿有自己的意志，只有尊重婴幼儿的人格，他们才会尊重你，才会接受你的教育。受到尊重、经常与他人进行平等交流的婴幼儿才能形成独立健全的个性。

（3）尊重婴幼儿的生存和发展

婴幼儿生来就具有人的尊严和价值，享有人的各种权利。家庭教育中不尊重婴幼儿的问题主要表现为家长常常剥夺婴幼儿应有的权利，"包办"与"限制"是对婴幼儿应有权利的侵犯，会使婴幼儿自身潜在的能力逐渐退化。

3．一致性原则

一致性原则是指婴幼儿家庭教育应当有目的、有计划地统一对婴幼儿各方面的教育要求，使其互相配合、协调一致、前后连贯地进行，以促进婴幼儿的全面发展。婴幼儿家长要认识到，影响婴幼儿发展的因素是多方面的，只有各方面的教育力量协调一致，形成一股合力，才能取得更好的教育效果。

（1）家长对待婴幼儿的态度一致

家长对待婴幼儿的态度一致是指在某个事件的教育上，所有家长的态度要互相配合、协调一致，使婴幼儿的品德和行为按照一致的要求发展。

（2）家长对婴幼儿的要求一致

对婴幼儿的要求只要是正确的、适合婴幼儿发展的，家长就要坚持到底。婴幼儿早期养成的习惯会影响他们的一生，好习惯是婴幼儿一生的财富，而这笔财富只能从家长的坚持中、从一致的要求中获得。

4．因材施教原则

因材施教原则是指家长对婴幼儿进行教育时，要根据他们的年龄特征和个性差异进行教育，采用适当的教育方式和方法。

（1）根据婴幼儿的年龄特征和个性特点实施教育

了解婴幼儿是教育婴幼儿的基础。家长要想教育好婴幼儿，必须在掌握一定科学育儿知识的同时，读懂婴幼儿，即了解婴幼儿的年龄特征、个性特点与发展水平，了解婴幼儿所思所想及其兴趣与潜能，在此基础上实施合适的教育。

（2）适时实施教育

家长教育婴幼儿不但需要知识，更需要智慧，要抓住教育的有利时机，适时实施教育，这样才能激发婴幼儿的好奇心、求知欲，使婴幼儿最大限度地发挥自己的潜能。

（3）因势利导，发展特长

家长要让婴幼儿的生活充满快乐，尊重婴幼儿的选择，对婴幼儿的兴趣加以引导，根据婴幼儿自身的实际情况发展其特长。

5. 正面教育原则

正面教育原则是指家长要以正面的事实、道理、榜样等对婴幼儿进行启发、引导，利用正面疏导和说理教育的方法调动婴幼儿自我教育的积极性。

（1）讲清道理，正面疏导

家长应该用好的语言、好的音调、好的节奏，通过讲故事、讲道理等方式耐心教育婴幼儿，使婴幼儿受到良好的道德环境的熏陶，形成积极乐观的性格，成为品德高尚的人。当婴幼儿有进步时，家长要多肯定、鼓励、表扬、激励婴幼儿，使婴幼儿处于自觉、主动的状态，促使婴幼儿的行为朝着家长期望的、良好的方向发展。

（2）树立正面榜样

婴幼儿最初的行为习惯，几乎都从模仿家长而来。不管是好的还是不好的行为习惯，婴幼儿都不加选择地一概模仿。所以，家长必须注意自己展现出来的行为习惯，全面提高自身素质，从各个方面为婴幼儿树立正面的榜样。

6. 言传身教原则

言传身教原则是指家长不仅要善于说理，还要用自己的行为为婴幼儿树立榜样，既要注意言传，也要注意身教。在家庭教育中，婴幼儿往往是听家长所言、观家长所行。

（1）善于说理

由于缺乏生活经验和社会知识，婴幼儿时刻需要家长的指点。家长应向婴幼儿讲清道理，让婴幼儿明确知道什么应该做、什么不应该做。

（2）以身作则

婴幼儿具有模仿的天性，家长是他们最直接的模仿对象，家长的一言一行、一举一动，他们都会不加取舍地效仿。

（3）身教言教结合

家长应不断加强自身修养，根据婴幼儿的年龄特点和身心发展水平，将身教和言教结合，循循善诱，促使婴幼儿从无意识的模仿发展为有意识的模仿，帮助婴幼儿养成良好的习惯。

【知识链接】

家长的18个坏习惯

坏习惯1：不耐烦

由于工作繁忙、压力大，家长回到家看到婴幼儿又哭又闹，经常忍不住对婴幼儿大吼："你怎么老是哭啊哭啊！别哭了，你真烦人！"

提醒：一个有自尊并且尊重他人的婴幼儿，一定要先得到家长的尊重。

坏习惯2：不回避

家长经常当着婴幼儿的面为一些鸡毛蒜皮的小事吵翻天。

提醒：家长的敌对、争吵，会给婴幼儿做出一个具有攻击性行为的坏榜样。

坏习惯3：太"大方"

家长勤俭持家，舍不得给自己买新衣服，可是对婴幼儿很大方，从不教他节省。

提醒：家长的这种"爱"，会使婴幼儿只懂得索取，不懂得付出。

坏习惯4：不关心

家长每天下班回到家，总是习惯性地问婴幼儿："今天在早教机构里过得怎么样？"他们一边问，一边却忙着做饭、整理房间，或者看报纸。

提醒：家长的这种行为是在告诉婴幼儿，我并不关心你的答案；于是，婴幼儿从家长身上感受到了不被尊重，并学会了敷衍别人。

坏习惯5：不认错

婴幼儿为争夺玩具而和别的小朋友吵架，家长觉得自己这次的惩罚与以前相比有些重了，可是自己"说服"自己，家长的言行要前后一致，于是不向婴幼儿认错。

提醒：家长犯了错误，拒不认错，婴幼儿也会跟着一错到底。

坏习惯6：爱抱怨

朋友爽约，家长对婴幼儿和其他人抱怨："以后再也不理他了。"

提醒：家长的这种行为会使婴幼儿将来在面对失望的时候，不是积极地想办法解决问题，而是一味地责备和埋怨别人。

坏习惯7：不娱乐

婴幼儿吵着要家长给他讲故事，可家长总是不停地做着其他的事情。

提醒：家长这样的行为举止使婴幼儿明白了一个"道理"，即生活中只有工作，没有娱乐；家庭中只有家务，没有游戏。

坏习惯8：爱争执

家长带着婴幼儿在超市排队等着付款，家长因为一件小事与路人争吵了起来。

提醒：家长的这种行为给婴幼儿进行了错误的社交技能展示，使婴幼儿误以为吵架、谩骂乃至打架才是解决冲突的好办法。

坏习惯9：撒谎、推托

家长是早教机构家长委员会的成员，老师请家长帮忙写一篇小文章。可是家长一直很忙，后来甚至打电话告诉老师说自己病了，让她再找其他家长写。

提醒：家长这种没有尝试就先退缩的行为，会使婴幼儿认为可以不遵守承诺，可以靠撒谎使自己轻易推脱责任。

坏习惯10：说配偶的坏话

婚姻走到了尽头，一方心中充满了对另一方的怨恨。家长对婴幼儿抱怨另一方的不是，并且告诉婴幼儿："爸爸/妈妈不要你了，你从此再也不要理他/她。"

提醒：家长这样做，会使婴幼儿学会恨和报复，甚至会使婴幼儿对自己一生的幸福没有信心。

坏习惯11：不敬老

在婚姻问题上，老人曾经百般阻挠，于是，婚后家长不孝敬老人，也从不带婴幼儿去看望老人，还经常当着婴幼儿的面说老人的不是。

提醒：家长的这种行为，为婴幼儿树立了不孝敬、不尊敬老人的坏榜样。

坏习惯12：言行不一致

家长在家总是鼓励婴幼儿学习孔融让梨的精神，在公共汽车上却与老人、儿童抢座位，或者在写有"禁止入内"的牌子下让婴幼儿爬到雕塑上摆造型。

提醒：家长说一套做一套的行为，会使婴幼儿长大后很难坚守自己的道德操守。

坏习惯13：爱比较

家长总是对婴幼儿说："××家的婴幼儿做××事时做得很好，他比你强！"

提醒：家长总是用别的婴幼儿的表现来衡量自己的婴幼儿，这会使婴幼儿把注意力放在和别人比较上，长大后做事就会容易受到别人的影响。

坏习惯14：无秩序

路上堵车了。家长将车从紧急车道上开了过去。婴幼儿问："我们为什么走这边？"家长说："这儿没警察，也没有摄像头，没关系的。"

提醒：家长在没人监督时违规，会使婴幼儿认为"只要不被抓住，做什么都可以"。

坏习惯15：过分爱护

家长在厨房里忙得热火朝天，婴幼儿钻进来想帮忙，家长赶紧把婴幼儿推出厨房："你还小，什么都不会，不用管了，先去玩吧。"

提醒：家长对婴幼儿的这种"爱护"，会让婴幼儿认为自己还小，一切家务都是家长的事，与自己无关。

坏习惯16：不服气

吃饭时，家长当着婴幼儿的面愤愤不平地说："小王升职了，他有啥了不起的，不就懂些计算机技术嘛！"

提醒：家长不承认自己不如别人的行为，会使婴幼儿变得以自我为中心、不思进取。

坏习惯17：压抑能动性

婴幼儿试图拆开闹钟看个究竟，家长勃然大怒："小孩懂什么！不准乱动！"

提醒：家长简单说"不"的行为只会破坏亲子关系、压抑婴幼儿的主观能动性。

坏习惯18：连骗带吓

婴幼儿吵着要买玩具，家长想制止，就连骗带吓地说："不听话，警察来抓你了""不听话，爸爸妈妈不要你了"。

提醒：婴幼儿一旦知道"自己被骗了"，以后就不会再相信家长的话了。

（资料来源：丁连信. 学前儿童家庭教育[M]. 北京：科学出版社，2016.）

二、婴幼儿家庭教育的方法

婴幼儿家庭教育的方法是指家长在对婴幼儿实施教育时选择和运用的具体教育方式和手段。家长能否恰当地选择并创造性地运用科学的教育方法，直接关系家庭教育能否顺利开展，直接影响家庭教育的效果。

1. 熏陶法

熏陶法是指家长通过有意识地营造良好的家庭氛围，对婴幼儿施加潜移默化影响的教育方法，有助于婴幼儿养成良好的行为习惯和高尚的道德情操。

（1）美化家庭环境

家庭环境是婴幼儿最早、最直接的生活环境，家长应为婴幼儿创造一个良好的家庭环境，让婴幼儿生活在一个舒适、宁静、温暖的家庭中。

（2）创设家庭氛围

家庭成员之间要互相尊重、互相信任、平等相待、和睦相处，共同关注婴幼儿的成长。家长应具有良好的个性品质，诚实守信、勤奋好学、正直勇敢、乐于助人、对人有礼貌、做事有恒心、坚韧不拔，并有开朗、热情、自信、乐观、宽容、自制等性格特征。家庭平时的生活应既严肃又活泼，人人讲究文明礼貌，精神生活丰富充实，情趣高雅，喜欢读书看报。在这样的家庭里成长的婴幼儿会受到良好的家庭氛围的影响。

2. 锻炼法

锻炼法是指家长让婴幼儿参与各种力所能及的实践活动，从中受到锻炼，以便学会某种技能和知识，培养良好的行为习惯和思想品德的教育方法。在实际锻炼之前，家长要根据婴幼儿的年龄特征和实际能力水平，提出适宜的实践内容和任务，并对其进行具体的指导。

（1）重视实际锻炼

家长要积极引导、支持并放手让婴幼儿进行各方面的实际锻炼，这是家庭教育的重要方法。婴幼儿的技能和知识的习得以及良好的行为习惯和思想品德的养成不经过亲身实践是无法实现的。

（2）让婴幼儿吃苦

婴幼儿想要学会技能和知识，养成良好的习惯和品德，吃苦是必然的。家长要舍得让婴幼儿吃苦，只有掌握卓越的技能、形成优良的习惯和品德，婴幼儿长大后才能顺利进入社会，避免吃更大的苦头、受更大的磨难。

3. 说理法

说理法是指婴幼儿家长通过摆事实、讲道理，提高婴幼儿的认识，培养其良好的道德品质，使其形成正确行为规范的教育方法。说理法是建立在对婴幼儿充分信任和尊重的基础上的，家长要以理服人，启发婴幼儿的自觉性，而不是以力压人。

（1）有情有理地谈话

家长应结合婴幼儿的实际情况，有针对性地对其说理，使婴幼儿掌握某种行为标准，形成正确的价值观念。谈话时，家长要把理与情有机地结合起来，使婴幼儿在情感和认识上产生共鸣。

（2）民主平等地讨论

家长与婴幼儿要以民主平等的态度共同研究讨论问题，提高婴幼儿的认知水平，使其掌握正确的行为规范。讨论问题时，家长要以真诚、民主、平等的态度，让婴幼儿充分发表意见。在讨论的过程中，家长要让婴幼儿认识到自身的价值，以增强其自信心，培养其追求民主的意识。民主平等的讨论能使婴幼儿更好地适应社会生活，并在社会生活中充分发挥主人翁的作用。

4. 示范法

示范法是指家长以自己和他人的好思想、好品质、好行为作为榜样，教育和影响婴幼儿，使其养成优良品德的教育方法。

（1）亲自树立榜样

家长要以身作则，因为婴幼儿并不能完全理解家长讲的道理，但家长的一举一动，他们都看在眼里。尤其是婴幼儿的模仿能力很强，他们会模仿家长的行为，所以家长要为婴幼儿树立一个好榜样，这是最好、最有说服力的教育。

（2）向榜样学习

家长要利用老师和同伴等学习榜样，从正面激励婴幼儿模仿榜样的好思想、好品质、好行为。

5. 兴趣法

兴趣法是指家长了解婴幼儿的特点，发现婴幼儿的需要，捕捉婴幼儿的兴趣，诱导婴幼儿充分发展自己的个性特点的教育方法。家长要仔细观察婴幼儿，善于发现婴幼儿的兴趣并进行引导，激发婴幼儿的好奇心和求知欲。

（1）重视兴趣

兴趣是最好的老师，是婴幼儿学习的动力，家长要善于发现、引导和培养婴幼儿的兴趣，不能将自己的兴趣强加于婴幼儿。

（2）创设问题情境

家长有意识地为婴幼儿创设问题情境，引导婴幼儿的兴趣，保护婴幼儿的好奇心，鼓励婴幼儿积极思考，并与婴幼儿一起寻找答案，激发婴幼儿提问和解答的欲望与兴趣。

6. 探索法

探索法是指家长通过让婴幼儿参与丰富多彩的活动，不断探索尝试，从而掌握多种技能、发展能力、培养其良好品质的一种教育方法。

（1）重视活动探索

家长带领婴幼儿参与丰富多彩的活动，在活动中引导婴幼儿努力探索，充分发挥婴幼儿的创造性，培养其坚韧不拔的品质。

（2）具体指导探索活动

婴幼儿在探索中遇到困难时，家长应鼓励和建议婴幼儿自己想办法解决问题，正确对待婴幼儿在探索活动中出现的失误，帮助婴幼儿分析失误的原因，从失误中学习，总结经验、吸取教训。家长要鼓励婴幼儿继续探索，培养婴幼儿不怕挫折的进取精神，锻炼婴幼儿的能力，发挥婴幼儿的创造性。

7. 奖惩法

奖惩法是指家长激励婴幼儿发挥积极性，使婴幼儿明确并发扬自己的优点和长处，认识并克服自己的缺点和不足，主动按正确的行为准则行动的教育方法，包括表扬、奖励和批评、惩罚。

（1）正确表扬、奖励

① 表扬点滴进步

在生活中，表扬婴幼儿的点滴进步是巩固婴幼儿的正确行为并使其形成良好习惯的重要手段，年龄越小表扬次数越多，随年龄的增长应逐渐提高表扬的标准。

② 表扬及时具体

家长要及时表扬，具体指出要表扬的行为，表扬得越具体，婴幼儿就越清楚哪些是正确的行为。

③ 以精神奖励为主，物质奖励为辅

家长在给予婴幼儿物质奖励时，要结合说理法，讲清楚婴幼儿的行为好在哪里、有何进步、为什么给予物质奖励、以后要怎样做等，让婴幼儿不仅得到物质上的满足，还能将其转化为精神上的动力。对婴幼儿而言，不论是精神奖励还是物质奖励，实质上都是家长对他的积极动机的一种肯定。要想让婴幼儿形成自觉的、持久的良好动机，提供精神奖励是最根本的、最有效的方法。家长在奖励婴幼儿时应坚持以精神奖励为主，物质奖励为辅的原则。

（2）慎用批评、惩罚

① 冷静理智

批评、惩罚的目的是纠正错误，让婴幼儿知错、改错。批评、惩罚婴幼儿时，家长一定要保持头脑冷静，要理智地对待婴幼儿的缺点和错误，要采取冷处理和"故意忽视"的教育方法。

② 注意时间和场合

批评、惩罚婴幼儿时，家长必须注意时机和场合，尽量避免在众人面前批评婴幼儿。批评教育不应在自己和婴幼儿都很生气的时候进行，而应在双方都心平气和的时候进行。

③ 就事论事

家长批评、惩罚婴幼儿时要客观具体，坚持就事论事、点到为止，让婴幼儿清楚地知道自己做错了什么，并告诉婴幼儿应该怎样做才是正确的。

第三节 婴幼儿家庭教育的制约因素

一、家长自身素质

家长自身素质主要是指家长的教育素质、文化素质、道德素质、心理素质、健康的兴趣爱好和自觉减轻心理压力的能力。

1. 家长的教育素质

家长的教育素质主要是指家长的教育观念、教育能力和教育知识。

（1）家长的教育观念

家长的教育观念决定了家庭教育的质量。家长的教育观念是指家长在教养婴幼儿的过程中，在婴幼儿发展、教育等方面持有的观点，包括人才观、教子动机、教育观等。正确的教子动机是指具有为社会和国家育人的责任感和自豪感，把自己对婴幼儿的关怀、教育和爱护当作社会义务和责任。

（2）家长的教育能力

家长的教育能力是指家长在一定的教育观念的指导下，运用教育知识在家庭教育的实践中处理亲子关系、分析并解决家庭教育问题的能力。婴幼儿家长的教育能力主要包括学习家庭教育知识的能力、了解和认识婴幼儿的能力、分析和处理家庭教育问题的能力、指导和发展婴幼儿的能力、把握教育分寸的能力、协调亲子关系的能力。

（3）家长的教育知识

家长应该掌握基本的教育知识，包括基本的优生知识、婴幼儿心理学、婴幼儿教育学、婴幼儿生理卫生学以及各种科学文化知识。优生知识是关于如何生育一个身心健康的婴幼儿的科学知识。婴幼儿心理学是关于婴幼儿心理发展的一般规律和年龄特征的科学知识，家长通过学习和研究，能对婴幼儿与成人截然不同的心理特点进行全面了解，正确引导和指导婴幼儿。婴幼儿教育学是结合婴幼儿的身心特点，对婴幼儿进行全面、协调教育所需的科学知识，家长只有学习、掌握了婴幼儿教育学的知识，了解并灵活运用教育原则和方法，才可以科学地教育婴幼儿。婴幼儿生理卫生学是关于有机体的生命活动和体内各器官机能发育发展的科学知识，家长只有掌握了生理卫生学的知识，才可以为婴幼儿提供良好的物质生活条件和精神生活条件，合理地指导婴幼儿进行体育锻炼，促进婴幼儿的身体健康发育。同时，家长还需要掌握广博的科学文化知识，一方面可以满足婴幼儿的求知欲望，能正确地解答婴幼儿的疑问；另一方面可以树立家长在婴幼儿心目中的良好形象，掌握教育的主动权，为婴幼儿树立热爱学习、热爱知识的榜样。

2. 家长的文化素质

家长的文化素质是指家长所拥有的知识、技术、气质及文化背景的总和。拥有较高文化素养的家长通常更加重视婴幼儿接受教育的状况，可以通过言传身教和营造家庭文化氛围，使婴幼儿养成较好的学习习惯等，进而使婴幼儿接受更多、更好的教育。

3. 家长的道德素质

家庭作为组成社会的"细胞"，家长的道德素质、家庭的德育水平是婴幼儿品德形成的基础。人的品德是在社会交往实践中形成和发展的，一个婴幼儿从出生到完全独立进入社会，有将近1/3的时间是在家庭中度过的，家长应注重自身的道德修养，自觉地对婴幼儿施以正确的道德影响和道德教育。

4. 家长的心理素质

家长的心理素质决定了家长教育婴幼儿的方式和家庭的精神生活氛围，直接影响家庭教育的质量，对婴幼儿的身心健康影响很大。家长提升心理素质应从以下几个方面入手。

（1）敏锐的观察力和极强的分析力

一个优秀的家长应当具有敏锐的观察力和极强的分析力，善于观察和分析婴幼儿，这是正确施教的前提。家长要善于在日常生活中及时了解婴幼儿的一言一行，捕捉其各种细微的变化，并进行正确的分析，了解清楚引起婴幼儿变化的主客观原因，切忌主观臆想或道听途说。

（2）稳定的情绪状态和积极的情感

婴幼儿的情感在很大程度上是在与家长的相处过程中产生和形成的。家长要善于用理智驾驭情感，努力展现自己的积极情感，努力在家庭中营造一个祥和欢乐的氛围。

（3）不断完善的性格

家长要不断反省、不断完善，逐渐改变性格中不良的特点，形成良好的性格特征，不断提升自己的道德修养，树立正确的人生观。在日常生活中保持愉快的情绪、广阔的胸怀，乐观豁达，富有同情心，待人宽厚，遇事能客观冷静分析并进行理智判断和处理，勇于克服困难，善于解决矛盾。

5. 积极的兴趣爱好

家长要有积极的兴趣爱好，提高生活的情趣和质量，丰富家庭生活的内容，引导婴幼儿从小参与健康的文化体育活动，培养婴幼儿养成积极的兴趣爱好，塑造婴幼儿美好的心灵。

6. 自觉减轻心理压力的能力

教育婴幼儿并使之成人成才是家长的责任，但这会给家长带来一定的心理压力。适当的心理压力，会促进家长重视对婴幼儿的教育；但如果压力过大，则可能导致家庭教育的失误。家长要做好自身的心理调适，学会减轻压力，保持一颗平常心，对婴幼儿的期望值要合理，在家庭教育中形成一个轻松的心理状态。

二、家长的教养态度与教养方式

自婴儿时期开始，一直到青少年阶段，父母的教养或纪律方式是子女人格、认识能力及社会行为发展的基本要素。

1. 家长的教养态度

家长的教养态度是家长的教育观念、情感的反映，会转化为教育行为表现在家庭生活中，直接影响婴幼儿的行为。家长的教养态度是家长的教育素质的众多成分中的核心，对家庭教育的目标方向以及家长的教育行为起着制约和指导作用，是影响家庭教育质量的决定因素。

【知识链接】

家长教养态度的类型及其影响

1. 专横、遵循封建旧规

有的家长常常强调辈分，强调绝对服从家长的意志，婴幼儿只要稍有不听从就会受到家长的惩罚。在这类家长的教养下，婴幼儿缺少自主权，经常看家长的脸色做事，易形成胆小自卑的心理，缺乏自信和独立性，甚至会养成暴戾、横蛮、撒谎、逆反心理强的性格，往往爱从捉弄别人、和报复别人中得到心理上的补偿和平衡。

2. 过分娇宠，有求必应

这类家庭的家长只想为婴幼儿提供无微不至的帮助和保护，想方设法满足婴幼儿的一切要求，甚至是无理要求，对婴幼儿只有赞许和肯定，没有批评和惩罚，对婴幼儿的不良行为不引导、不制止。在此背景下，家长的权威丧失殆尽，教育无从谈起，同时由于家长过度包办代替，婴幼儿养成了极强的依赖性，易形成自私、任性、放肆、易发脾气、好夸口的品性。

3. 放任自流，不闻不问

这类家庭的家长对婴幼儿的行为无动于衷，放任婴幼儿自行发展，对婴幼儿的奖惩往往是随心所欲的，没有一定的标准和依据。婴幼儿因为得不到家长的关心和爱而产生孤独感，会逐渐形成富有攻击性的、冷酷、自我放荡的不良品质，常常会有情绪不安、反复无常、容易触怒、对周围的事物漠不关心的表现。

4. 民主型

这类家庭的家长与婴幼儿平等相处、相互尊重、互相爱护，家长能给婴幼儿较多的鼓励和诱导，对婴幼儿的缺点和错误能恰如其分地予以批评指正，并能提高婴幼儿的认知水平，使其改正缺点，使婴幼儿形成对人坦诚友好、自尊、自立、大方、热情的性格，并能接受批评、经受压力、关心他人，有独立处事的能力。

不同类型的教养态度，对婴幼儿的个性品格、心理素质形成的影响是不同的。年轻的家长是婴幼儿家庭教育的主要承担者，是婴幼儿言行举止的示范者、待人接物的指导者、婴幼儿成长的责任人，有责任以正确的教养态度，使家庭形成民主、和谐、平等的融洽气氛，使婴幼儿养成讲责任、讲民主、讲勤奋、讲进步、不骄纵、自尊、自强的好品格。

（资料来源：丁连信. 学前儿童家庭教育[M]. 北京：科学出版社，2016.）

2. 家长的教养方式

家长的教养方式是指家长对待婴幼儿时具有的比较稳定的教养观念（如儿童观、育儿观、人生观）和已经形成习惯的教育行为。

家长要注意培养婴幼儿的独立自主精神。遇到问题，家庭成员应共同商量，家长应提建议而不威逼，让婴幼儿自己选择、决定，即使有小错误，也可以让婴幼儿在承担行为后果的过程中增长经验和能力。家长要尊重婴幼儿的人格和意见，保护婴幼儿的自尊心、自信心，不应命令强制或包办代替，要关心婴幼儿在德、智、体、美、劳等方面的发展。家长应认同婴幼儿的思维方式和行为特点，接受婴幼儿不成熟、不稳定的心理状态和偶发性的行为过失，对婴幼儿的错误或反抗以宽容忍耐的态度采取耐心说服、分析是非的方法，但不能掉以轻心或任其发展，不能放弃教育和引导婴幼儿的责任。

三、家庭生活环境和生活方式

1. 家庭结构

家庭结构是指家庭成员的层次和序列的不同结合。当今社会比较典型的家庭结构主要有以下几种。

（1）主干家庭

主干家庭也叫直系家庭，是指父母和一对已婚子女组成的家庭。在主干家庭中，为数较多的是祖父母或外祖父母、父母和其未婚子女共3代人组成的家庭。3代人生活在一起，人数较多，规模较大，层次比较复杂，家庭生活的内容比较丰富。

婴幼儿在家庭中和两代家庭成员交往，扮演子女、孙子女等不同的社会角色，通过观察祖辈与父辈，学习用于适应社会生活的能力和交往能力。

（2）核心家庭

核心家庭是指由已婚夫妇和未婚子女两代组成的家庭，特点是人数少、结构简单，家庭成员之间容易相处和沟通，父母之间的思想容易协调，教育观念容易达成一致。婴幼儿与父母的关系密切，父母对婴幼儿的身心健康以及学业发展十分关注，对婴幼儿的教育工作能做到全力以赴，有较强的教育自觉性和责任感。

（3）单亲家庭

单亲家庭是指夫妻双方因离婚、丧偶，仅有一方与未婚子女生活在一起的家庭。家庭中缺少父母任何一方，都会给婴幼儿带来一定的伤害。

（4）隔代家庭

隔代家庭是指由祖父母或外祖父母中的一方与孙子女组成的家庭，我国的留守儿童大多出自这种家庭。这种家庭中的婴幼儿虽然有父母，但是由于长时间得不到父母的疼爱，心理也很容易受到伤害，不能与父母建立良好的亲子关系，自身得不到良好的发展。祖辈由于知识、能力等方面的不足，对婴幼儿的监护不力或缺乏应有的教育能力，导致隔代家庭中的婴幼儿的家庭教育缺失，进而形成一系列社会问题。

【知识链接】

农村留守儿童家庭教育存在的主要问题

留守儿童问题是近年来出现的一个新名词。随着社会经济的快速发展，很多的青壮年农民进入城市，广大农村也随之产生了一个特殊的未成年人群体，即留守儿童。70%的留守儿童的父母年均回家不足3次，有的甚至几年才回一次家；近30%的留守儿童与父母谈话或通信的频率月均不足一次。父母外出打工后，与留守儿童聚少离多、沟通少，远远达不到其监护人角色的要求，这种状况容易导致留守儿童在亲情观念、心理健康、性格等方面出现偏差，并使学习受到影响。

（1）存在严重的亲情饥渴问题。亲情的抚慰与关怀对儿童的健康成长起着至关重要的作用。留守儿童中的大部分人正处于身心迅速发展时期，面对自身变化、人际交往等诸多问题和烦恼，他们需要有渠道倾诉、有亲人安慰。而其父母长年在外务工，很少与他们沟通，造成关怀不到位、沟通有障碍、亲情难维系。

（2）存在心理封闭和情感世界问题。调查显示，有心理问题的留守儿童的比例高达57%，且父母打工年限越长，儿童的心理问题越严重，主要表现为感情脆弱、自暴自弃、焦虑自闭、缺乏自信、悲观消极、软弱、盲目反抗和逆反，甚至会产生怨恨心理。

（3）临时监护人物质关心多，精神关注少。农村留守儿童被监护的情况主要有3种情况：一是祖父监护型（由祖父母或外祖父母托管），二是亲戚监护型（由亲戚——叔婶、姑舅等托管），三是单亲监护型(单亲——基本上由母亲托管)。这些临时监护人一般受教育程度不高，往往把被监护人的学习成绩、人身安全和吃穿需求放在首位，而很少关注其行为习惯、心理和精神上的需要。

（4）监护人缺乏保护意识导致留守儿童意外伤害比例较大。留守儿童由于未成年，应变和自救能力不足，很容易受到不法分子的侵害和利用。

（5）留守儿童自身的思想道德素质存在差异。留守儿童的素质发展水平参差不齐。一些监护人没有起到模范作用，经常当着儿童的面吵架、打架。这给儿童的成长和心理造成了不良影响，需要对监护人加强教育、监督和引导。

（6）家庭教育意识淡薄。一是有的父母平时与子女缺少沟通，疏于管教，导致亲情关系淡漠；二是有的父母教育方法不当，存在用钱补偿感情的心理，使儿童的身心发展被扭曲；三是祖辈隔代抚养大多容易溺爱，以生活照顾为主，而且无力承担儿童的品德培养和学习辅导任务，导致一些留守儿童养成了乱花钱等不良习惯。

（7）监护人自身综合素质不高。留守儿童的监护人大多数是老年人，年纪较大，文化程度不高，不懂得从心理上关心、照顾儿童，不能在学习上给予帮助和指导，与儿童在沟通上存在困难。

（8）社会对留守儿童关注不够。一是农村基础教育薄弱，教育资源缺乏，教育观念落后，不能有效弥补留守儿童家庭教育中的不足。二是文化传媒难以有效控制，部分不良信息对留守儿童具有腐蚀性和诱惑力。

（资料来源：新文秘网《农村留守儿童调研情况汇报》）

2. 家庭经济生活状况

家庭经济生活状况是指家庭经济收入和生活水平的高低，家庭收入的来源和支配情况。家庭经济生活状况与家长的社会地位有直接关系。经济收入会直接影响父母的自尊、抱负、价值观，并间接影响父母对其婴幼儿的期望，从而潜移默化地影响婴幼儿的发展。国外有学者研究发现，社会经济地位较低、工作性质是听命于他人的父母，由于必须顺应、服从权威才能维持工作稳定，因此在教育婴幼儿时就倾向于强调服从、干净、整齐、尊重权威；而收入较高，工作性质是指挥、管理他人的父母，则更可能强调婴幼儿要有理想、好奇心、创造性等。

3. 家庭成员之间的关系

家庭成员之间的关系在家庭教育中的作用不可忽视，婴幼儿缺乏独立生活的能力，不能脱离家庭、父母而独立生存，家庭成员之间的关系直接影响婴幼儿能否感到安全、温暖、快乐。在家庭关系和谐的家庭环境中成长，婴幼儿可以增加对家庭成员的了解，会与家庭成员关系感情紧密。家庭生活幸福，婴幼儿才会有安全感、幸福感，才能保持愉快、积极向上的心态。

4. 家庭生活方式

家庭生活方式是指家庭成员在长期的共同生活中逐步形成的较为稳定的生活模式。家庭生活方式中对婴幼儿的身心发展有直接影响的因素有家庭饮食营养习惯、生活起居习惯、消费方式、闲暇利用方式、家庭人际交往方式等。

【知识链接】

"好"家庭的特征

美国学者大卫·奥尔森认为"好"家庭一般有以下特征。

1. 家庭自豪感

好家庭对于每一位家庭成员都是忠诚的。家庭成员之间通力合作，他们以积极的观点看待问题，以积极的方式解决问题。

2. 家庭支持

好家庭对于每一位家庭成员都是关爱和理解的。它是一个有利于抚养婴幼儿并使其健康成长的环境。在这个环境中，家庭成员的需求都能敏感地反映出来。

3. 凝聚力

好家庭会在依赖与独立之间保持一种健康的平衡。每一位家庭成员都互相信任和欣赏。

4. 适应性

在瞬息万变的世界里，好家庭有极强的可塑造性，能够适应社会的变化。

5. 交流

良好的交流对维持家庭的正常运转非常重要，每一位家庭成员都掌握了与他人交流的技巧，尤其是善于倾听。

6. 社会支持

好家庭的成员就像以家庭为荣、为家庭尽力一样，能积极地加入社区、邻里、学校等各种场合的实践，履行应尽的社会义务，为社会做贡献。

7. 价值观

好家庭有一个核心的、与目标一致的价值观。好家庭的父母总是努力通过他们的行为来展现家庭的价值观。

8. 欢乐

好家庭拥有欢乐的、自然的、愉快的生活状态。

（资料来源：丁连信. 学前儿童家庭教育[M]. 北京：科学出版社，2016.）

第四节 婴幼儿家庭教育的发展趋势

一、正确认识和评价婴幼儿

家长必须树立科学的儿童观，正确认识和评价婴幼儿。

1. 婴幼儿拥有一切基本的人权

家长不仅要保障婴幼儿的生命健康，还要满足婴幼儿的正当需要、愿望，尊重婴幼儿的人格和权益，不能把他们当成任由成人支配的附属品，不能把自己的意志强加于婴幼儿，更不能随意地指责、呵斥甚至打骂婴幼儿。

2. 婴幼儿具有巨大的发展潜能

婴幼儿正处在心理、生理发展都十分迅速的时期，各方面都蕴藏着极高的可能性和可塑性，教育得当会促使他们得到更好的发展。

3. 婴幼儿是一个完整的人

婴幼儿发展是身体、认知、情感、社会和人格的整合性发展。家长应着眼于婴幼儿各方面素质的完整培养，实现婴幼儿在德、智、体、美、劳等方面的全面和谐发展。

4. 每个婴幼儿都是独一无二的个体

每个婴幼儿都具有独特的个性，发展水平也存在差异。家长要了解婴幼儿，接纳婴幼儿的特点，正确评价婴幼儿，调整期望值，因势利导，使婴幼儿能最大限度地发挥自己的潜能与优势，健康成长。

5. 婴幼儿是具有主体性的人

婴幼儿是以一种主体的身份，在与外部世界的相互作用中发展自己，在亲身参与各种活动的过程中不断构建自我世界的。家长要保护和尊重婴幼儿主动探究的积极性和主动性，避免过度干预和包办代替，让婴幼儿在人生的每个阶段都能感受到自身存在的价值和意义，学会自理自立。

6. 向婴幼儿学习

婴幼儿对新事物的敏感度和接受效率极高，对人对事真诚直率，这些都是成人应该学习的。家长与婴幼儿应相互学习、共同成长。

二、建立良好的亲子关系

亲子关系是指亲代和子代之间的生物血缘关系，在心理学中指家长与子女之间的相互关系。婴幼儿时期是形成依恋的关键期，建立良好的亲子关系是婴幼儿发展的主要任务之一。

1. 尊重婴幼儿的人格

平等、尊重是家庭成员建立情感联系的基础。家长应用平等的眼光与婴幼儿交流，把他们当作自己的朋友，充分尊重婴幼儿的各种权利，了解婴幼儿的心理需要，重视婴幼儿的喜欢、尊重、信任、赞扬和认可等心理需求，多用肯定、赞扬和鼓励的方式对婴幼儿的活动进行积极评价。

2. 制定明确的行为标准

制定明确的行为标准是培养婴幼儿良好行为习惯的有效途径。明确行为标准能使婴幼儿知道自己该做什么、不该做什么，从而帮助婴幼儿自觉养成良好的行为习惯。家长在制定行为标准时应尽量使标准明确、具体，具有适宜性、可操作性。行为标准一经确立，家长就应坚决贯彻执行，不能半途而废。

3. 重视沟通交流

家长应重视语言沟通与非语言沟通。语言沟通是指用词语符号进行沟通，非语言沟通是通过看得见的手势、动作表情等表达思想情感。对形象思维活跃、模仿能力强的婴幼儿来说，非语言沟通比语言沟通更有感染力、更容易接受。

三、创建学习型家庭

学习型家庭是指以终身学习、终身教育思想为指导，以提高家庭生活质量和家庭成员的综合素质为目的，通过全体家庭成员持续的、终身的自我导向性学习、互动学习，共享学习成果，实现个体和家庭动态协调发展的一种新型的家庭形态。它是由学习型组织、学习型社会的理论孕育和催化而来的一种具有时代特征的家庭，是21世纪家庭发展的新模式，是学习型社会的"细胞"和基础。

学习型家庭有以下几个基本特征。

1. 主动学习

主动学习成为每个家庭成员自身发展的需求，成为家庭成员持续终身的活动，成为家庭生活不可缺少的一个组成部分。

2. 互动学习

在学习型家庭中，家长既是婴幼儿的启蒙教师，又是婴幼儿的学习伙伴。互相学习改变了传统家庭中婴幼儿单向学习的模式，家长不仅要与婴幼儿交互学习，还要和婴幼儿共同学习，并向婴幼儿学习，建立一种良好的亲子关系。

3. 沟通对话

学习型家庭必须建立畅通无阻的沟通渠道。这种沟通应具备的条件包括家庭成员愿意敞开心扉，善于倾听，勇于批评与自我批评；家庭成员之间充满信任与理解、充满爱心；家庭成员对共同创造家庭的美好未来有信心；家长与婴幼儿平等交流。

4. 共同成长

学习型家庭的成员通过共同学习，获得知识、增长才能、发展能力、提高修养，达到自我改变、自我完善的目的，实现所有家庭成员的共同学习、共同成长。

学习型家庭提倡的全员学习，有利于营造浓郁的学习氛围，能对婴幼儿形成一种熏陶，有助于婴幼儿形成良好的学习态度和学习习惯。学习型家庭提倡的相互学习，能强化亲子关系，有助于家庭关系的和谐发展，家庭教育易取得良好的效果。学习型家庭提倡的专项学习，使学习家庭教育知识成为家长的必修课，有利于提高家庭教育水平。在21世纪的知识经济社会里，创建学习型家庭将成为众多家庭的必然选择。

【知识链接】

创建学习型家庭的策略

家长创建学习型家庭，主要应从以下几个方面做起。

1. 强化学习理念，明确学习目标

创建学习型家庭，首先要明确为什么学习，通过学习要达到什么目标。面对世界日新月异的变化，我们已清楚地意识到新理念、新知识、新科技给我们带来了各种冲击，家庭成员要以"终身学习"为学习的根本理念。家长在制订自身的学习计划和目标的同时，要结合婴幼儿的兴趣爱好和国家未来对人才的需求，帮助婴幼儿制订学习计划和阶段性目标。

2. 营造民主、平等、和谐的家庭学习氛围

创建学习型家庭，首先要建立和谐的家庭关系，这样婴幼儿才更乐意听从家长的正确教育，更乐意与家长进行交流。家庭成员之间的沟通渠道畅通，家庭成员的人格才能得到正常发展。家庭成员经常一起交流，询问婴幼儿今天过得是否开心、学习了什么新的知识、家长在工作中是否遇到了什么逸闻趣事、婴幼儿有什么心事或想法等，能使家庭成员在和谐欢快的交流中得到启发和指导。家庭成员要拥有一个健康的心态、积极向上的性格，使快乐学习成为必然趋势。

3. 不断努力提高知识水平，培养良好的学习能力

家长在不断学习新知识的同时，也提高了自身的知识水平、认识水平，增强了学习能力、实践能力，为营造家庭的学习氛围打下了坚实的理论基础。

4. 加大学习投资力度，确保不落后于当前时代

家长应在家中专门"开辟"学习的专门场所——书房，订阅专业杂志和儿童杂志。家中也应开通国际互联网，使用计算机、网络电视、有线电视，使家庭成员熟练使用现代信息技术，为家庭成员的自主学习提供良好的物质保证。家长应经常利用闲暇时间带婴幼儿逛书店、图书馆、博物馆。

5. 建立畅通无阻的沟通渠道

学习与分享是家庭成员之间双向沟通的重要渠道，家长应经常就生活、工作中发生的事与家庭成员进行互相交流、互相帮助。对婴幼儿而言，代沟可以跨越，两代人在心灵上可以产生双向互动。对于婴幼儿的学习，无论是什么内容，家长都应参与其中。家长的参与对婴幼儿学习兴趣、学习习惯的培养有很好的促进作用，可以让婴幼儿轻松快乐地学习，使学习成为其生活的一部分。

6. 重视现代信息媒体，打造家庭信息平台

家庭成员可以一起收看电视节目，如新闻联播、今日说法、探索频道、动物世

界、快乐驿站等，通过这些节目把时事、法律、国学、自然与科学、语言艺术等知识信息带给家庭、带给婴幼儿，同时家庭成员也有了更多共同学习的话题。

除了常见的电视平台之外，收音机、每天的报刊、各大网络论坛等都是家长获取、发布和传递信息的重要渠道。通过这些渠道，家庭能与整个社会实现很好的交流和沟通。

7．坚持科学的学习安排，制订可行的学习计划

学习是一个长期的、终身的过程，既不能好高骛远，也不能一蹴而就，制订可行的学习计划、进行科学合理的安排，才能在学习的道路上走得更远、更稳，家长才能更好地给婴幼儿做出表率。

8．不仅要"读万卷书"，还要"行万里路"

利用业余时间，家长应积极地带领婴幼儿服务社区，组织亲朋好友积极参与有益于家庭成员身心健康的各项活动。在活动中，大家既观赏了美景，又体验了生活，无论大人和小孩都能和同龄人一起交流、共同进步，在活动中提升参与社会生活的交往能力、生存能力、竞争能力。

（资料来源：豆丁网《创建学习型家庭心得体会》）

课后练习题

1．简述婴幼儿家庭教育的目的和内容。
2．简述婴幼儿家庭教育的特点。
3．简述婴幼儿家庭教育的原则。
4．简述婴幼儿家庭教育的方法。
5．简述婴幼儿家庭教育的制约因素。

第三章

家庭教育与婴幼儿的全面发展

本章学习内容

1. 了解婴幼儿身体发展的规律，掌握婴幼儿家庭健康教育的内容。
2. 了解婴幼儿智能发展的规律，掌握婴幼儿家庭智能教育的内容。
3. 了解婴幼儿情感发展的规律，掌握婴幼儿家庭情感教育的内容。
4. 了解婴幼儿社会性发展的规律，掌握婴幼儿家庭社会性教育的内容。
5. 了解婴幼儿艺术发展的规律，掌握婴幼儿家庭艺术教育的内容。

结合我国婴幼儿家庭教育的具体现状，我国婴幼儿家庭教育的内容主要包括婴幼儿家庭健康教育、婴幼儿家庭智能教育、婴幼儿家庭情感教育、婴幼儿家庭社会性教育和婴幼儿家庭艺术教育。

第一节 家庭教育促进婴幼儿身体发展

婴幼儿的身体发展有其客观规律。家长应掌握婴幼儿身体发展的规律，积极创造各种有利的环境，促进婴幼儿的身体健康成长。

一、婴幼儿身体发展的规律

婴幼儿身体发展有以下4个规律。

1. 连续性与阶段性

婴幼儿的身体发展是一个连续的、完整的过程，但是发展速度在各个年龄阶段呈现不一致性，有明显的阶段性。婴幼儿的每个年龄阶段都有其各自的特点，各个年龄阶段按照顺序依次衔接，上一年龄阶段的发展为下一年龄阶段的发展打下基础。例如，婴儿在1个月时开始抬头，3个月时在抬头的基础上学会翻身，6个月时学会坐，然后学会站立、行走、跑、跳等动作，动作发展遵循"从头到脚"的规律。动作发展按顺序连续发展，但每个动作的发展又存在一定的阶段性。例如，婴儿在6个月时会坐，8个月时会爬，11个月时会站，13个月时会走等。

2. 不平衡性

婴幼儿身体发展的不平衡性表现为身体发展速度不平衡、身体各部分的生长速度不平衡和身体各系统的发展不平衡3个方面。

（1）身体发展速度不平衡

婴幼儿的身体发展速度是快慢交替的、波浪式的，年龄越小，生长速度越快。例如，在身高方面，刚出生婴儿的平均身高约为50厘米，在第一年会增长约25厘米，1岁以后增长速度减慢，在青春期增长速度又出现高峰；在体重方面，刚出生婴儿的体重约为3000克，在第一年会增长6000～7000克，1岁以后增长速度减慢，在青春期增长速度又出现高峰。

（2）身体各部分的生长速度不平衡

怀孕2个月时，胎儿的头约占身长的1/2；刚出生时，婴儿的头约占身长的1/4；2岁时，婴幼儿的头约占身长的1/5；6岁时，儿童的头约占身长的1/6；而成年人的头约占身长的1/8。

（3）身体各系统的发展不平衡

身体各系统的发展不是同时进行的。例如，儿童在6岁之前，神经系统的发展处在领先地位，而生殖系统几乎没有什么发展，进入青春期才开始快速发展。

3．个体差异性

婴幼儿的身体发展在遵循一般规律的同时也存在个体差异性。婴幼儿的身体发展因先天遗传、后天环境的差异，会在身高、体重等形体方面以及身体机能方面表现出明显的个体差异。遗传因素决定个体身体发展的可能性，后天环境决定个体身体发展的现实性。每个婴幼儿的身体发展都有自己的速度和特点，家庭教育要尊重婴幼儿身体发展的个体差异性，不能强求婴幼儿身体发展的统一性。

4．整体性

人体是一个统一的整体，身体各系统器官的发育是相互关联的。适宜的体育锻炼不仅能促进婴幼儿骨骼肌肉的发育，还能促进婴幼儿心脏和呼吸器官机能的成熟，有利于其神经系统的发育；反过来，骨骼肌肉的发育又为体育锻炼提供了更坚实的生理基础，促进婴幼儿整个身体的健康发展。

二、婴幼儿家庭健康教育的内容

婴幼儿家庭健康教育是指家庭成员对婴幼儿进行的以身心健康为主要内容的教育。婴幼儿个体的健康存在是婴幼儿个体全面发展的前提和保障。

婴幼儿家庭健康教育的内容主要包括以下4个方面。

1．创设良好的家庭生活环境

家庭是婴幼儿成长的摇篮，是他们主要的生活场所，由于婴幼儿的可塑性比较强，家庭生活环境对他们的身体发育、行为习惯、心理健康等各方面的影响极为深刻。家庭生活环境主要包括物质生活环境和精神生活环境。

家庭物质生活环境包括衣、食、住、行等方面，它们的品质在一定程度上会影响婴幼儿生理以及人格的健康发展。家长应为婴幼儿创设良好的家庭物质生活环境，家庭物质生活环境对婴幼儿良好生活习惯的养成和健全人格的发展具有重要影响。

家庭精神生活环境主要是指家庭成员之间的关系，家庭成员的品德修养、行为规范、兴趣爱好等。家长应为婴幼儿创设有利于其健康成长的家庭精神生活环境，为婴幼儿营造一个温馨、健康、快乐的成长氛围。

2．培养良好的生活习惯

婴幼儿时期是人的生活习惯形成的关键期，而生活习惯对婴幼儿的自信心、意志力以及交往能力等方面具有重要影响。生活习惯包括饮食习惯、睡眠习惯、卫生习惯、劳动习惯等。饮食习惯主要包括正确使用餐具，独立进餐；文明进餐（细嚼慢咽、不呲嘴等）；不挑食，不偏食，不剩饭；定时定量饮食，口渴时喝水等。睡眠习惯主要包括按时睡觉、起床，独立安静睡眠，掌握正确的睡姿等。卫生习惯主要包括饭前便后正确洗手，早晚刷牙，饭后漱口等。劳动习惯主要包括自己能做的事情自己做，爱惜劳动成果，帮家长做力所能及的家务等。家长应在培养婴幼儿养成良好生活习惯的同时，注重培养其独立生活的能力。

3．培养坚持体育锻炼的兴趣和能力

体育锻炼可以使婴幼儿的肌肉有节律地收缩和放松，促使神经中枢有节奏地兴奋和抑制，可以提高中枢神经的灵活性和均衡性，改善婴幼儿的体质，增强其免疫力。家长应利用体育锻炼逐步培养婴幼儿坚强、勇敢的性格，促进婴幼儿的身心全面、健康、和谐发展。

家长带领婴幼儿开展体育锻炼时应注意以下问题。

（1）体育锻炼应根据婴幼儿的生理特点，有计划、有步骤地逐步开展。由于婴幼儿的肌肉、骨骼、心血管、呼吸系统、神经系统等功能尚未完善，家长应注意将体育锻炼和适宜保育结合。

（2）体育锻炼必须持之以恒。机体必须经过多次反复刺激，才能在大脑皮层产生兴奋灶，逐渐增强婴幼儿的适应能力。家长应长期坚持带领婴幼儿开展适宜的体育锻炼，不可半途而废。

（3）体育锻炼时注意安全问题。家长应事先检查场地和器材的安全性，在体育锻炼前检查器材是否有损坏、边缘轮廓是否锋利等，以免给婴幼儿带来不必要的伤害。家长应在体育锻炼前检查婴幼儿的着装情况，如鞋带是否系好，鞋子是否穿反，衣服是否穿得过厚、过紧，纽扣是否扣好等。家长应随时提醒婴幼儿进行体育锻炼时安全的重要性，制止不安全的行为，培养婴幼儿养成安全锻炼的良好习惯。

4．注重婴幼儿的心理健康发展

婴幼儿的心理健康是指婴幼儿的心理发展达到相应年龄组婴幼儿的正常水平，情绪积极、性格开朗、无心理障碍、能较快适应环境。家长应懂得婴幼儿心理发展的每个阶段的特点，并且给予正确的引导，以促进婴幼儿心理的健康发展。家长对婴幼儿心理发展进行指导，不仅要帮助婴幼儿形成适应社会的良好心理品质，更要帮助婴幼儿充分发挥潜能和创造性，促进婴幼儿的个性良好发展。

婴幼儿心理发展的家庭教育内容包括以下3个方面。

（1）人格辅导

家长应培养婴幼儿对爱的感受能力，接受愉快的情绪体验；在与同伴、长辈等交往时，培养婴幼儿懂得基本的交往原则，获得对尊重、正直、合作、宽容、帮助等良好品质的初步体验；培养婴幼儿乐于自我体验和自我探索的能力，让婴幼儿喜欢自己；培养婴幼

儿对真、善、美的感受能力和判断能力，学习以此来衡量自己和别人的行为；培养婴幼儿自主选择、设立目标并努力去实现的倾向和能力。

（2）生存辅导

家长应在培养婴幼儿养成良好生活习惯的同时，培养其积极、健康的生活方式；培养婴幼儿乐于探索、体验生活，并从中发现生活的美好的能力；培养婴幼儿平静地接受生活的复杂性，并做出相对正确的判断和选择的能力；培养婴幼儿形成初步的自我保护意识和自主自立意识；培养婴幼儿形成初步的责任感。

（3）学习辅导

家长在激发婴幼儿对周围世界产生强烈的好奇心的同时，在日常生活中，还要培养婴幼儿了解事物或现象间简单关系的能力；使婴幼儿积极、尽快地掌握口头语言，形成主动与别人交流的良好习惯；为婴幼儿提供丰富的玩具，激发婴幼儿的求知欲。

婴幼儿心理发展的家庭教育不是要把婴幼儿纳入某种发展模式，而是要引导婴幼儿在发现世间万物、发现自我的同时建立一种积极健康的态度和看法。

【知识链接】

健康的定义

1989年联合国世界卫生组织（World Health Organization，WHO）对健康做了新的定义，即"健康不仅是没有疾病，而且包括躯体健康、心理健康、社会适应良好和道德健康"。健康不仅指躯体健康，还包括心理健康、社会适应、道德品质，相互依存、相互促进。

世界卫生组织对健康的定义细则如下。

（1）精力充沛，能从容不迫地应对日常生活和工作的压力而不感到过分紧张和疲劳。

（2）处事乐观，态度积极，乐于承担责任，不挑剔。

（3）善于休息，睡眠状况良好。

（4）应变能力强，能适应外界环境的各种变化。

（5）能够抵抗一般性感冒和传染病。

（6）体重适当，身材匀称，站立时，头、肩、臂位置协调。

（7）眼睛明亮，反应敏锐，眼睑不易发炎。

（8）牙齿清洁，无龋齿，无痛感，牙龈颜色正常，无出血现象。

（9）头发有光泽、无头屑。

（10）肌肉、皮肤有弹性。

（资料来源：个人图书馆《1989年联合国世界卫生组织对健康的定义》）

第二节　家庭教育促进婴幼儿智能发展

一、婴幼儿智能发展的规律

婴幼儿智能发展有以下4个规律。

1. 从简单到复杂

婴幼儿智能发展从简单到复杂的规律主要表现在两个方面：一是从不完整到完整，婴幼儿出生时的智能活动主要表现在知觉的发展和视觉听觉的集中上，而记忆、思维、想象等高级心理活动是在之后与环境的相互作用下逐渐发展完善的；二是从笼统到分化，婴幼儿年龄越小，智能活动就越是处于混沌模糊的状态中，例如，最开始婴幼儿的情感智能只有高兴和不高兴两种，后来逐渐发展为喜爱、愉快、快乐、痛苦、嫉妒等复杂多样的情感智能。

2. 从具体到抽象

婴幼儿智能发展最初出现的是具体的感觉，这是最简单的智能活动，是对物体的某种个别属性的反映。感觉之后出现知觉，知觉是对物体各种属性的整体反映，比感觉更具概括性。知觉之后出现思维，思维是人脑对事物本质属性的概括和间接的反映，带有明显的抽象性、概括性。

3. 从被动到主动

婴幼儿的智能活动最初是被动的，其主动性是逐渐发展起来的，并在与环境的相互作用下逐步提高。认识活动从最初的被动到之后的主动，最重要的特征是从无意智能活动到有意智能活动的发展。无意智能活动是个体直接受外在刺激的影响和支配发生的，有意智能活动是由个体自己的意识（动机、目的）控制的活动。

4. 从零散到系统

婴幼儿的智能活动刚开始是零散的，感觉、知觉、记忆、想象、思维等活动之间缺乏有机联系，并且不稳定。随着年龄的增长，婴幼儿的智能开始快速发展，从之前的零散向系统发展。

二、婴幼儿家庭智能教育的内容

美国心理学家布鲁姆认为：如果把一个人 17 岁时所达到的智力水平看作 100%，那么，他从出生到 4 岁就获得了 50%，在 4～8 岁获得 30%，余下的 20% 则在 8～17 岁获得。婴幼儿家庭智能教育应依据婴幼儿生理和心理发展的特点，培养婴幼儿的注意力、观察力、记忆力、想象力、思维能力等。促进婴幼儿智能的发展，对其一生的发展具有深远的影响。

婴幼儿家庭智能教育的主要内容包括以下 3 个方面。

1. 激发婴幼儿的智能兴趣

兴趣反映了个体对客观事物的积极认识倾向，推动婴幼儿主动思考、自主探索、大胆表现，是婴幼儿智能发展的动力。家长应特别关注婴幼儿的兴趣，迎合婴幼儿的兴趣，充分激发婴幼儿参与智能活动的动力，还要注意引导婴幼儿发现新的兴趣，引导婴幼儿参与多种智能活动，促进婴幼儿多方面的智能发展。

2. 丰富婴幼儿的知识储备

婴幼儿时期是个体知识储备迅速增长的时期，也是智能迅速发展的时期。婴幼儿对环境的认知越多，其自信心就越强，探索欲望就越强，对周围环境的感知能力、理解能力、分析能力、判断能力也就越强。家长应因势利导，创造机会，引导婴幼儿认识周围的自然环境和社会环境，扩大婴幼儿的眼界，丰富婴幼儿的知识。

3. 发展婴幼儿的智能能力

家长丰富婴幼儿的知识储备的目的并不仅仅是学习，而是要在学习知识的过程中发展他们的智能能力，引导婴幼儿在已有智能的基础上主动学习新知识，进一步增强智能能力，实现知识与能力之间的良性互动。

第三节　家庭教育促进婴幼儿情感发展

一、婴幼儿情感发展的规律

刚出生的婴幼儿最初的情绪反应与生理需要是否得到满足有关，如肚子饿了、尿布湿了等刺激都会导致婴幼儿哭泣，当生理需要得到满足后，婴幼儿便有了愉快的体验。愉快与不愉快是婴幼儿最初的情绪情感分化。随着年龄的增长，婴幼儿的活动内容逐渐增加、范围逐渐扩大，情绪情感体验的层次不断丰富、涉及的范围不断扩大。

婴幼儿情感发展有以下两个规律。

1. 社会化

婴幼儿最初的情绪反应是与生理需要和安全需要相联系的，随着社会性的发展、大脑组织的成熟和肌肉运动的分化，婴幼儿情绪情感的反应与社会性需要之间产生了密切的联系。婴幼儿的情绪情感在其社会交往中得到体现并发挥越来越重要的作用，在与周围人的实际交往中，婴幼儿能比较正确地理解别人表露出的情绪情感，并做出相应的反应。

2. 深度化

婴幼儿情绪情感的深度化表现在两个方面：一是情绪情感指向的事物不断增加，之前未能引起婴幼儿情感体验的事物，随着婴幼儿年龄的增长会引起其情感体验，如爱的情感体验，刚开始是婴幼儿对家长的爱，随后是对家庭其他成员产生爱的情感，从家庭进入社会后，婴幼儿又会对其他人产生爱的情感；二是情绪情感指向的事物的性质发生变化，从事物的表面指向事物内在的特点，如婴幼儿对家长的爱，最开始是因为家长能满足其基本的生存需求，他们因此对家长产生了深深的依恋，但随着婴幼儿年龄的增长，这份爱会表现为婴幼儿对家长在为人处事等方面的尊重。

二、婴幼儿家庭情感教育的内容

婴幼儿家庭情感教育的主要内容包括以下4个方面。

1. 家长要控制好情绪

婴幼儿的大部分时间是在家庭中与家长共同度过的，家长的一言一行及情绪变化都会给婴幼儿留下很深的印象。家长要善于控制自己的情绪，如果家长喜怒无常，婴幼儿很容易感到无所适从，情绪不稳定，影响他们对事物的态度和体验，从而影响他们情绪情感的发展。

2. 营造良好的家庭情感氛围

婴幼儿的情绪情感容易受到周围环境或气氛的感染，家庭是其生活的最重要的环境，良好的家庭情感氛围的营造对婴幼儿的情感发展有重要的影响。家庭情感氛围可以从融洽的家长关系、融洽的亲子关系和融洽的家庭成员关系3个方面营造。

3. 丰富婴幼儿的情感体验

情感是人内心的一种特殊体验，家庭教育促进婴幼儿的情感发展，家长要创造机会增加婴幼儿的情感经历，丰富其情感体验，增加其与家长、其他家庭成员、老师以及同伴等人交往的机会。婴幼儿通过与不同的对象进行沟通交流，能够体会到亲情、师生情和友情等各种不同的情感，从而丰富自己的情感体验。家长应利用日常生活对婴幼儿进行情感教育，创造其参与社会活动的机会，培养婴幼儿的社会情感。

4. 增强婴幼儿调控情绪的能力

家长应采用积极的教育态度，正视婴幼儿的各种情绪。家长要学会运用以下方法帮助婴幼儿控制情绪。

（1）转移法。家长运用转移法，将婴幼儿对某些事物的信赖或厌恶转移到其他事物上。

（2）冷却法。如果婴幼儿的情绪十分激动，家长可以采用暂时置之不理的方法，过一段时间，婴幼儿就会慢慢地停止哭喊，平静下来。

（3）消退法。家长运用消退法，撤销引起婴幼儿不良反应的刺激。对待婴幼儿的消极情绪，家长可以坚持采用消退法。

（4）想象法。当婴幼儿遇到困难或挫折时，家长可以引导婴幼儿想象自己是"男子汉"或"大姐姐"等他们崇拜的人物，激励婴幼儿，避免其产生消极情绪。

（5）反思法。当婴幼儿出现乱发脾气、哭闹等不良行为时，家长可以引导婴幼儿进行反思，可以问："宝宝，你自己想想刚刚那样哭喊合适吗？有用吗？""宝宝，你已经这么大了，还提出这个要求合理吗？"家长这样提问有利于引起婴幼儿的反思，使其控制自己的情绪。

（6）自我说服法。当婴幼儿不小心摔倒时，家长可以教他大声说："我勇敢，我勇敢，我不哭。"在自我说服下，婴幼儿出现不良情绪的次数会减少。

家长还应引导婴幼儿学会恰当地表达和合理地宣泄自己的情绪。一方面，家长不能一味地要求婴幼儿控制自己的情绪，要教给婴幼儿一些适当表达、合理宣泄自己情绪的方法。当婴幼儿过于激动时，家长可以播放一些柔和、优美的音乐，舒缓婴幼儿的情绪，或引导婴幼儿进行体育锻炼以宣泄多余的精力；当婴幼儿悲伤时，家长可以让婴幼儿画画或向其他人倾诉自己的感受。另一方面，家长要与婴幼儿一起设立一定的情绪情感宣泄规则。通过设定规则，婴幼儿能够明白自己不能随意宣泄情绪情感，不能妨碍其他人；对于婴幼儿的一些过激的破坏性行为（如摔东西、打人、满地打滚等），家长要及时制止，等婴幼儿冷静下来，再向他摆事实、讲道理。

第四节　家庭教育促进婴幼儿社会性发展

一、婴幼儿社会性发展的规律

社会性行为是指人们在交往活动中对他人或某一事件表现出的态度、言语和行为反应。婴幼儿的社会性发展受年龄特征、动作发展、语言表达、活动范围等因素的影响。婴幼儿社会性发展有以下4个规律。

1．情境性

社会性和做出道德行为的动机受当前刺激（即情境）的制约，特定的情境会产生与此相对应的社会行为。当婴幼儿看到别的婴幼儿因被家长教育而哭泣时，就会认为那个家长不好、那个家长是"坏人"。

2．模仿性

模仿是对他人所显示的行为及特点进行有选择的重复（再现）。婴幼儿经常模仿周围的人，说别人说过的话，或者重复别人做过的行为、动作。

3．从他性

从他性在婴幼儿社会性发展中占主导地位。婴幼儿认为道德原则与道德规范是绝对的，来自外在的权威，不能不服从，他们判断是非的标准也来自家长。婴幼儿只注意行为的外部结果，而不考虑行为的内在动机。

4．道德情感由不稳定向稳定发展

婴幼儿与成人、同伴的交往使他们的道德感指向的事物或对象不断增多，范围不断扩大，由近及远，由直接到间接，由具体、个别的行为到一些比较概括、抽象的行为规则和道德准则，道德情感不断丰富。由于婴幼儿的道德感指向事物的变化，特别是事物性质的变化，婴幼儿的道德情感会逐渐由比较肤浅、表面、不稳定发展为深刻、本质、稳定。

二、婴幼儿家庭社会性教育的内容

婴幼儿家庭社会性教育是指家长对婴幼儿进行的以发展婴幼儿的社会性为目标，以增进婴幼儿的社会智能、激发婴幼儿的社会情感、引导婴幼儿的社会行为为主要内容的教育。家庭教育的一项重要目标就是培养婴幼儿适应其所在的社会，婴幼儿家庭社会性

教育有助于推进婴幼儿社会化的进程，为婴幼儿未来成为社会的合格公民打下坚实的基础。

婴幼儿家庭社会性教育的内容主要包括以下5个方面。

1. 引导婴幼儿树立正确的自我意识

自我意识是一种认知心理结构，它组织、调整、综合个体自身的行为。自我意识是婴幼儿个性的重要组成部分。积极正确的自我意识是婴幼儿发展不可缺少的内在动力，对婴幼儿的智能发展和健全人格的形成具有重要作用。自我意识主要包括3个方面：一是正确认识自己、评价自己、接纳自己，每个婴幼儿都是与众不同的，家长应引导婴幼儿正确认识自己；二是学会调控情绪，婴幼儿时期是个体情感发展的关键期，家长应帮助婴幼儿形成初步的情绪调控能力；三是学会自由选择、自我决断等，自由选择、自我决断是婴幼儿独立性、自主性的重要表现，家长应多为婴幼儿创造自我选择、自我决断的机会。

2. 引导婴幼儿认识生活的社会环境

社会环境是婴幼儿生活和游戏的场所，也是各种秩序形成的场所。家长应丰富婴幼儿的社会经验，增进婴幼儿对社会环境(家庭、亲子园、幼儿园、社区、家乡、国家等)的认识，引导他们关心和了解社会事物和社会人员，发展他们的社会认识能力、社会知觉能力、移情能力和道德判断能力，提升他们对美、丑、善、恶、是、非、对、错的辨别能力，以及在社会生活中解决某些实际问题的能力。家长还要注重培养婴幼儿积极的社会情感，引导婴幼儿认识并理解人与环境之间相互依存的关系，培养婴幼儿爱护环境、保护环境的意识，引导婴幼儿关注并参与社会生活，培养其社会意识。

3. 增强婴幼儿社会交往的能力

社会交往能力是指人与他人交往以及参与社会活动时表现出的行为能力。婴幼儿正是在与不同的人打交道的过程中，逐步形成待人处事的态度，获得社会交往能力，促进社会性行为发展的。家庭是婴幼儿生活的主要场所，家长应为婴幼儿创设社会交往环境，使他们在与人交往的过程中，逐渐掌握符合社会要求的行为方式，并能初步根据社会规范调节自己的行为，发展交往能力，成为顺应时代发展需要的人。家长在让婴幼儿感受家庭温馨气氛的同时，还应让婴幼儿走出家庭，多接触外部社会环境，逐渐形成尊重、分享、合作、同情、谦让等社会交往能力。

4. 陶冶婴幼儿良好的情感

情感是人社会化的一个重要方面。对婴幼儿进行社会性教育，丰富婴幼儿情感的内容，培养婴幼儿良好的社会情感，可以帮助婴幼儿与人和谐交往，懂得关心、爱护他人，体谅、宽容、同情、尊重他人，使婴幼儿适应社会，在逆境和挫折中也能充满自信、积极进取。家长应创设民主和谐的家庭氛围，使婴幼儿成为乐观、勇敢、诚实、正直、富有同情心、自信心的人，逐渐学会控制自己的情感，增强情感的深刻性和稳定性。

5. 促进婴幼儿社会性的发展

婴幼儿早期的社会行为处于自我中心和真正社会化的中间地带，只有当他们从自我中心状态中跳出来，具备与同伴进行有效协作的能力时，他们的社会性才会真正得到发展。在婴幼儿家庭社会教育的过程中，婴幼儿不仅可以学会与他人进行社会交往的技能，建立融洽的人际关系，而且可以把社会知识、社会规范内化为自己的行为准则，逐步形成符合社会需求的情感和态度，做出适当的行为，使社会性得到良好的发展。

第五节　家庭教育促进婴幼儿艺术发展

一、婴幼儿艺术发展的规律

婴幼儿艺术发展要符合教育学和心理学规律、婴幼儿身心发展规律、艺术教育规律，以及以这些规律为基础提炼出的、贯穿婴幼儿艺术教育始终的教育规律。从婴幼儿发展规律、学习规律、艺术教育规律来看，0～3岁婴幼儿艺术发展具有以下7个基本规律。

1. 整体性

整体性是指在0～3岁婴幼儿艺术发展过程中，家长不仅要关注艺术信息，还要关注其他非艺术的、对婴幼儿长远发展有利的信息。人的生命是物质、精神、文化的生命整体，关注人的生命整体，促进人的整体性发展是所有教育活动都必须遵循的重要的教育规律之一。艺术教育是婴幼儿教育的内容之一而非唯一，只有在婴幼儿艺术发展过程中强调整体性，充分挖掘德、智、体、美、劳等方面的有益经验，才可能使艺术教育活动的价值得到最大程度的发挥。

2. 游戏性

游戏性是指在0～3岁婴幼儿艺术发展过程中，艺术教育要在"玩"中进行，艺术教育活动具有游戏的特征。美国心理学家纽曼关于游戏特征的"三内说"认为："游戏是一种由内部控制（自主）、内部真实（自己觉得是真实的）、内部动机引发的行为。"游戏性规律是婴幼儿早期教育的基本规律之一，是婴幼儿早期教育的重要手段和方法，也是婴幼儿较为喜爱的学习方式。

3. 熏陶性

熏陶性是指在0～3岁婴幼儿艺术发展过程中，家长应借助一定的素材或创设一定的环境，给婴幼儿带来潜移默化的艺术影响，而非将0～3岁婴幼儿艺术教育活动变为"高结构化"的上课活动。婴幼儿的心理发展特点决定了他们的学习往往没有明确的目的性和计划性，而是在其主动与环境相互作用的过程中潜移默化地发生的。因此，家长应重视环境的熏陶作用，通过为婴幼儿创设良好的艺术环境，发挥环境的熏陶作用来达成婴幼儿艺术教育的目的。

4. 直观性

直观性是指在0～3岁婴幼儿艺术发展过程中，家长要让婴幼儿直接感知艺术作品。皮亚杰的认知发展阶段理论认为，0～3岁婴幼儿的认知水平主要处于感知运动阶段和前运算阶段，其思维以直觉行动性思维和具体形象性思维为主。直觉行动性思维的主要特点是个体思维依赖动作和感官，具体形象性思维的主要特点是个体的思维依赖于表象，即事物不在面前时，人们头脑中出现的关于事物的印象。从信息加工的角度来说，表象即当前不存在的事件或者物体的一种知识表征，这种表征具有显著的形象性。从这个年龄阶段婴幼儿的认知发展和思维的主要方式来看，家长在0～3岁婴幼儿艺术发展过程中必须遵循直观性规律，让教与学符合婴幼儿的认知和思维方式。

5. 生活性

生活性是指在0～3岁婴幼儿艺术发展过程中，家长要将艺术教育活动与婴幼儿的日常生活、婴幼儿的感性经验联系起来，在日常生活中"润物细无声"地提升婴幼儿的艺术素养。婴幼儿的生活中处处都能找到艺术的影子，艺术是婴幼儿生活不可或缺的部分。0～3岁婴幼儿艺术发展的生活性要求家长在开展艺术教育活动时，应充分考虑活动的各个环节是否最大限度地贴近婴幼儿的生活，将艺术教育活动渗透在婴幼儿的日常生活之中。

6. 创造性

创造性是指在0～3岁婴幼儿艺术发展过程中，家长启发婴幼儿的想象力和创造力，给婴幼儿自由想象的时间和空间，让婴幼儿根据自己的生活感受和情感意识，以自己独到的方式接受和表达艺术。创造力是艺术教育的重要元素，在0～3岁婴幼儿艺术教育活动中，家长应为婴幼儿创造时间和空间，包容、欣赏他们个性化、创造性的体验，不能进行过于机械的、僵化的灌输式教育。

7. 适宜性

适宜性是指在0～3岁婴幼儿艺术发展过程中，家长要以婴幼儿的发展状况和水平为依据，使艺术教育活动处于每个婴幼儿的最近发展区内。适宜性包括年龄适宜、个体适宜和文化适宜3个方面。年龄适宜是指艺术教育要适合各个年龄阶段的婴幼儿发展的共性特征；个体适宜是指艺术教育要注意到每个婴幼儿在发展过程中的差异性，因材施教；文化适宜是指每个婴幼儿在生活环境、语言、思维方式和行为等多方面都存在一定的差异，家长要对婴幼儿的个体差异给予充分的理解和尊重。

二、婴幼儿家庭艺术教育的内容

婴幼儿家庭艺术教育是指家庭成员对婴幼儿进行以感受美、表现美、创造美、追求美为主要内容的教育。婴幼儿对美的事物的感受带有直觉性，虽显幼稚、肤浅，但他们已经具有初步的审美意识。作为素质教育的重要组成部分，艺术教育不仅需要培养婴幼儿感受美、表现美和有意识地创造美的能力，还要培养婴幼儿自主、自律、尊重他人、善于合作等多方面的主体性品质。

婴幼儿家庭艺术教育的内容主要包括以下3个方面。

1. 引导婴幼儿感知、欣赏日常生活中的美

婴幼儿的可塑性强，思维特点具有具体形象性，家长对婴幼儿实施艺术教育时，应注重利用婴幼儿可以具体感知的、生动鲜明的形象，以增强艺术教育的效果。日常生活中的美是婴幼儿最接近、最熟悉、最容易感知的，婴幼儿的审美能力也是从日常生活中培养出来的，家长应在日常生活中实施艺术教育，注意引导婴幼儿感知、欣赏日常生活中的美。

2. 促进婴幼儿对自然美的理解和升华

绚丽多彩、富于变化的自然是婴幼儿家庭艺术教育的源泉。教育学家苏霍姆林斯基就很重视自然蕴含的艺术教育的价值，他经常带着婴幼儿到自然中感受美、欣赏美。家长多带婴幼儿接触自然，自然具体、直观、生动的形象容易被婴幼儿感知、体验、理解，容易引起婴幼儿在情绪情感上的共鸣。

3. 关注具体直观、鲜明生动的艺术形式的美

音乐、美术、舞蹈等艺术形式的美具体直观、鲜明生动、富有表现力，容易使婴幼儿接受，引发其情感上的共鸣，这对发展婴幼儿的审美能力具有极大的促进作用。家长应让婴幼儿接触真正的艺术作品，引导婴幼儿欣赏优秀的艺术作品，通过艺术作品促进婴幼儿审美能力的发展。

课后练习题

1. 简述婴幼儿身体发展的规律及婴幼儿家庭健康教育的内容。
2. 简述婴幼儿智能发展的规律及婴幼儿家庭智能教育的内容。
3. 简述婴幼儿情感发展的规律及婴幼儿家庭情感教育的内容。
4. 简述婴幼儿社会性发展的规律及婴幼儿家庭社会性教育的内容。
5. 简述婴幼儿艺术发展的规律及婴幼儿家庭艺术教育的内容。

第四章

0～1岁婴儿家庭亲子活动游戏指导

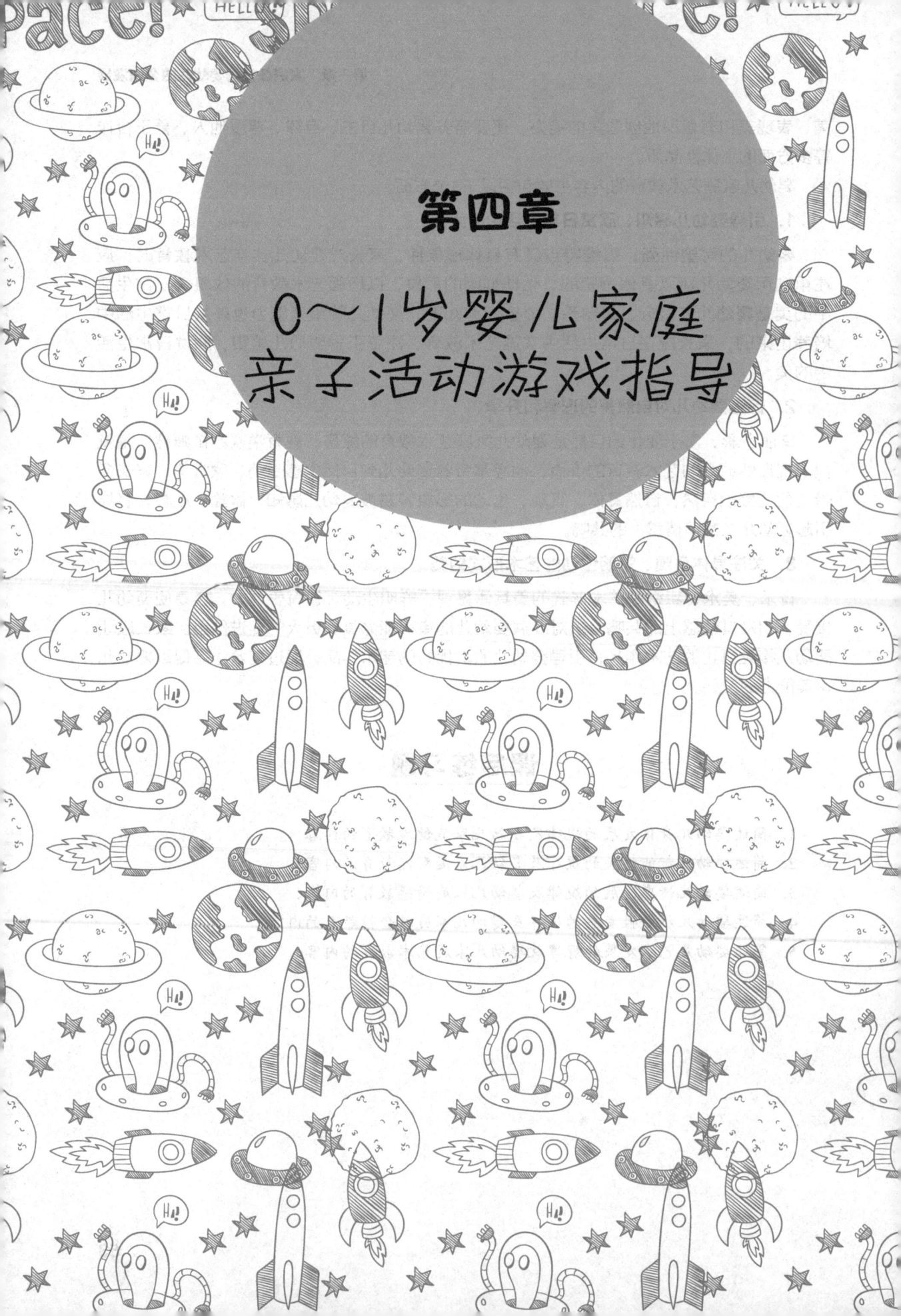

本章学习目标

1. 掌握0～6个月婴儿家庭教育的重点和指导目标。
2. 学会运用0～6个月婴儿家庭亲子活动游戏的指导方案。
3. 掌握7～12个月婴儿家庭教育的重点和指导目标。
4. 学会运用7～12个月婴儿家庭亲子活动游戏的指导方案。

0～1岁是婴儿大脑发育最迅速的一年，是婴儿习得各种能力的黄金时期，是婴儿生理、心理、社会意识等领域的觉醒期。在0～1岁这个阶段，家长如能及早采取科学的家庭教育理念和方法，让婴儿接受适宜的刺激和教育，将有可能最大限度地开发婴儿的各项潜能。

第一节　0～6个月婴儿家庭亲子活动游戏指导

一、0～3个月婴儿家庭亲子活动游戏指导

0～3个月婴儿家庭亲子活动游戏指导包括以下3部分内容：0～3个月婴儿家庭教育的重点、0～3个月婴儿家庭教育的指导目标和0～3个月婴儿家庭亲子活动游戏的指导方案。

1. 0～3个月婴儿家庭教育的重点

0～3个月婴儿家庭教育的重点主要包括以下3个方面。

（1）满足0～3个月婴儿生存和健康的基本养育工作，帮助婴儿逐步建立生活常规，使其适应母体外的环境。

婴儿出生后的第一个任务是生存下来，尽快适应外界环境。虽然婴儿出生时已预先在基因中"设置"了大量的学习机制，但他们对成年个体的依赖是极强的，尤其是生活上的依赖。养育婴儿不是一件轻松简单的工作，家长必须通过后天学习才能掌握养育方法。家长应详尽掌握养育婴儿的所有细节，为婴儿创设一个有利于生存的环境。在家长的悉心照料下，婴儿会逐步调节内在生理需求，尝试适应外界环境，形成规律的生活作息。

（2）发展0～3个月婴儿的视觉、听觉和触觉等感知觉能力，为其颈部肌肉力量、四肢活动和双手伸展创造活动空间。

0～1岁是婴儿感知觉与动作能力发展最快的时期。感知觉能够帮助婴儿构建对客体世界和主体世界的认知。家长应重视婴儿早期的感知觉发展，既是由感知觉自身的特点决定的，也是因为感知觉与其他心理能力有着密不可分的关系。婴儿每个动作发展间的内在承

接性很强。例如，婴儿颈部力量和四肢活动的发展是其翻身、独坐的基础，婴儿双手的张开和合拢是其准确拿放物品的基础。

（3）发展婴儿与家长的语言交往能力，建立其对家长的信任。

0~3个月婴儿与家长的亲子交往虽然只是成人单向的语言输出，但婴儿在交往中不仅是主动的参与者，还是积极的学习者。家长和蔼可亲的交流姿态、温柔的讲话声、清晰可辨的发音会使婴儿逐渐明白对话需要语言这个工具、交流是你来我往的双向语言互动，这是婴儿的语言学习的重要开始。婴儿与家长对话的过程充满了温情和乐趣，会使婴儿感到安全，使其对家长产生信任，这在生命之初是很有必要的。

2. 0~3个月婴儿家庭教育的指导目标

（1）缓解初为父母者的焦虑和无助，建立做称职家长的信心。

（2）家长掌握最基本的婴儿日常养育知识和技巧，包括正确的喂哺、盥洗方法，婴儿良好睡眠习惯的养成。

（3）家长了解0~3个月婴儿常见的皮肤问题及正确的护理措施，如奶癣、尿布疹等。

（4）家长了解0~3个月婴儿感知觉和动作发展的特点，能借助安全的生活材料发展婴儿的视觉、听觉、触觉等感知觉，发展婴儿颈部、四肢和双手的肌肉力量。

（5）家长认识到与婴儿建立良好依恋关系的重要性，能借助轻松愉悦的日常养育行为和游戏加深亲子感情，在亲子交往中有意识地鼓励婴儿发音，重视对话。

（6）家长了解早教机构的课程理念、服务内容，以及自身的权利和义务。

（7）家长掌握获取育儿资讯的便捷途径，包括相关杂志、网站、亲子团体，以及早教机构提供的信息服务。

3. 0~3个月婴儿家庭亲子活动游戏的指导方案

0~3个月婴儿家庭亲子活动游戏的指导方案包括关于大动作发展、精细动作发展、智能发展、语言发展、社会性发展和艺术发展的家庭亲子活动游戏的指导方案。

（1）大动作发展家庭亲子活动游戏的指导方案——趴

① 游戏目的

A. 发展婴儿大运动的能力。

B. 发展婴儿骨骼、肌肉的承受力。

② 游戏准备

花铃棒、小摇铃等逗引玩具。

③ 游戏步骤

家长让吃完奶半小时后的婴儿趴在地垫上，如图4-1所示，每天逐渐增加趴的时间和次数。

图4-1

④ 游戏拓展

家长坚持每天让婴儿进行固定时间和次数的趴练习，待婴儿2个月大时，每天累计趴的时间不少于1小时。

（2）精细动作发展家庭亲子活动游戏的指导方案——抓握玩具

① 游戏目的

A．发展婴儿躺在地垫上，家长将自己的手指放在婴儿手掌中，婴儿合拢手指并紧紧握住家长手指的能力。

B．发展婴儿躺在地垫上，家长把一条薄毛巾搭在自己的手臂上给婴儿看，婴儿用手指触碰和抓握毛巾的能力。

② 游戏准备

小棒、毛巾等逗引玩具。

③ 游戏步骤

A．婴儿躺在地垫上，家长把婴儿的一只手摊平，把自己的手指放到婴儿一只手的掌心，引导婴儿用手指紧紧抓住家长的手指，如图4-2所示。婴儿的左右手都要完成该动作。

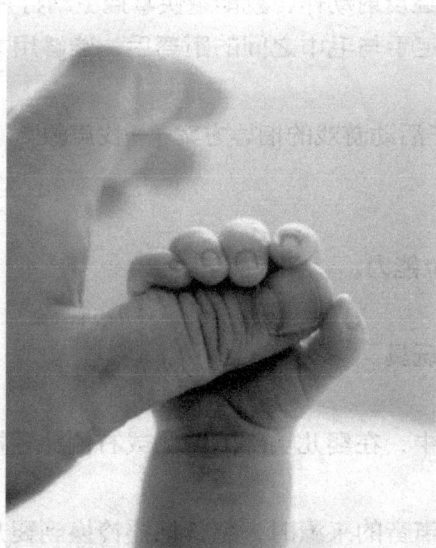

图4-2

当婴儿能抓握家长的手指后，家长可在其掌心放其他形状和质地的玩具，如环形玩具和毛绒玩具，让婴儿练习抓握。

B．婴儿躺在地垫上，家长把一块毛巾搭在手臂上，把手臂放在婴儿的胳膊能触碰到的地方，对婴儿说"宝宝来拿毛巾"，引导婴儿向上伸胳膊、将手放在毛巾上、用手指抓握毛巾，如图4-3所示。

婴儿用左右手都能完成该动作后，家长可提供不同质地的毛巾让婴儿练习抓握。

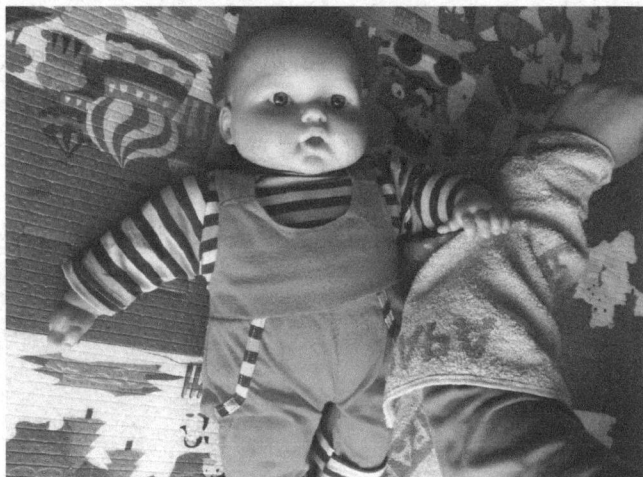

图4-3

④ 游戏重点

A. 0～3个月婴儿的抓握是一种发展性的反射反应，重点是婴儿在此阶段不会主动打开手掌，婴儿越多地使用抓握反射动作，就能越快掌握主动打开手掌的能力。

B. 婴儿在通过眼睛确定手与毛巾之间的距离后，能够用力向上伸胳膊、用手指接触和抓握毛巾。

（3）智能发展家庭亲子活动游戏的指导方案——找声源

① 游戏目的

A. 发展婴儿的听力。

B. 发展婴儿的声音定位能力。

② 游戏准备

摇铃等能够发声的逗引玩具。

③ 游戏步骤

A. 家长将婴儿抱在怀中，在婴儿头部的左侧或右侧轻轻摇动一个声音柔和或清脆的摇铃，观察婴儿的反应。

B. 当婴儿转过头寻找声音的来源时，家长把摇铃换到婴儿头部的另外一侧，使摇铃离开婴儿的视线。

C. 家长反复几次后，让婴儿发现摇铃。家长摇动摇铃发出有节奏的声音，让婴儿听，并和婴儿一起手舞足蹈。

（4）语言发展家庭亲子活动游戏的指导方案——学唱歌

① 游戏目的

A. 激发婴儿"说话"的热情。

B. 提高婴儿对节奏的敏感度。

② 游戏步骤

A. 婴儿精神状态好的时候，家长与婴儿面对面，视线相对。

B. 家长自编旋律简单的小曲"咿咿——咿咿咿——咿——"，反复唱给婴儿听。

C. 家长放慢速度，引导婴儿学着发出"咿咿——咿咿咿——咿——"的声音。

D. 婴儿发对一个声音，家长就微笑并亲一下婴儿的脸颊以示鼓励。

E. 家长附和着与婴儿一起"唱歌"。

③ 游戏拓展

家长逐步提高曲调的发音难度和哼唱速度。

（5）社会性发展家庭亲子活动游戏的指导方案——表达我的情绪

① 游戏目的

A. 发展婴儿认知各种表情的能力。

B. 发展婴儿表达各种情绪的能力。

C. 增加婴儿有关情绪的词汇量。

② 游戏准备

展示了各种表情，如高兴、悲伤、生气等的图片。

③ 游戏步骤

家长首先做表情，然后给婴儿看对应的表情图片，最后说出情绪的名称。

（6）艺术发展家庭亲子活动游戏的指导方案——小水杯

① 游戏目的

A. 发展婴儿的音色感知能力。

B. 发展婴儿的思维能力。

② 游戏准备

A. 杯子。

B. 水。

C. 长把小勺。

D. 歌曲《小水杯》的乐谱如图4-4所示。

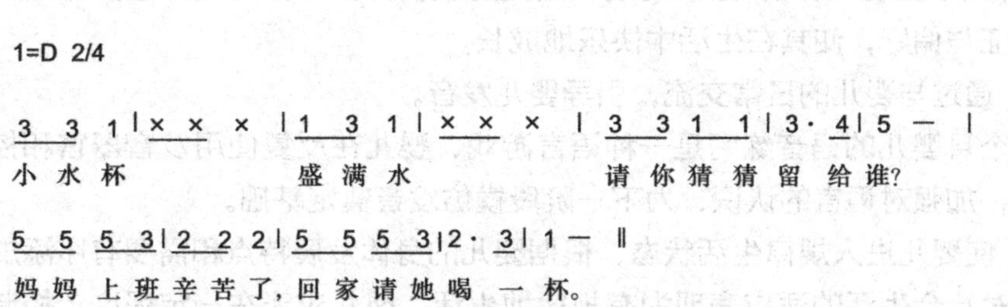

小水杯

1=D 2/4

$\underline{3}\ \underline{3}\ 1\ |\times\ \times\ \times\ |\ 1\ \underline{3}\ 1\ |\times\ \times\ \times\ |\ \underline{3}\ \underline{3}\ 1\ \underline{1}\ |\ 3\cdot\underline{4}\ |\ 5\ —\ |$

小 水 杯　　　盛 满 水　　　请 你 猜 猜 留 给 谁?

$\underline{5}\ \underline{5}\ \underline{5}\ \underline{3}\ |\ 2\ 2\ 2\ |\ \underline{5}\ \underline{5}\ \underline{5}\ \underline{3}\ |\ 2\cdot\underline{3}\ |\ 1\ —\ \|$

妈 妈 上 班 辛 苦 了, 回 家 请 她 喝 一 杯。

图4-4

注："｜"是每个小节的终止线，每行乐谱由4个小节组成；"‖"是最后一个小节的终止线，表示歌曲结束。

③ 游戏步骤

A. 家长待婴儿熟悉歌曲后，准备两个杯子，一个杯子是空的，一个杯子装满水，杯子里面放一个长把小勺。

B. 家长握着婴儿的一只手，一起握住长把小勺。

C. 家长唱歌词，当唱到"×××"时握着婴儿的手用长把小勺敲杯子，当唱到第二小节"×××"时与婴儿一起敲空杯子，当唱到第四小节"×××"时与婴儿一起敲装满水的杯子，让婴儿感受音色变化。

④ 游戏拓展

家长可以把杯子换成其他物品，如石头和木头。

二、4～6个月婴儿家庭亲子活动游戏指导

4～6个月婴儿家庭亲子活动游戏指导包括以下3部分内容：4～6个月婴儿家庭教育的重点、4～6个月婴儿家庭教育的指导目标和4～6个月婴儿家庭亲子活动游戏的指导方案。

1. 4～6个月婴儿家庭教育的重点

4～6个月婴儿家庭教育的重点主要包括以下5个方面。

（1）增强婴儿在感知协调统合方面的能力，为婴儿练习翻身和独坐创设环境和活动机会，鼓励婴儿用手和口探索物品。

4～6个月的婴儿开始发展各种感知觉之间协调配合的能力，表现为感知觉信息量的增加和婴儿开始趋向于形成一些稳固的感知模式去认识自我和世界，如最常见的视觉与动觉配合、身体内部平衡觉等。4～6个月的婴儿开始改变身体姿势、扩大视野、收集更多的信息，从躺到坐是他经历的第一个重要的转折，能用手取物且在两手间交换，为婴儿的认知提供了更大的空间。手作为婴儿的探索工具刚开始发展，此时需要由敏感的口腔配合其认知的发展。

（2）通过日常生活和亲子游戏增强婴儿的安全依恋感。

4～6个月婴儿已初步适应一直呵护照料他的家长，他与家长的情感联系加强，从生活上的依靠发展为完全的信任，即安全依恋。这一安全依恋形成的前提是家长在日常生活中敏感而又持续地教养婴儿。这段时期，婴儿的气质特征与行为偏好逐步显露，家长应尊重婴儿的特征与偏好，使其在生活中快乐地成长。

（3）通过与婴儿的日常交流，引导婴儿发音。

4～6个月婴儿的语音练习是一种语言游戏，婴儿在反复使用发音器官和控制口唇肌肉的过程中，加强对语言的认识，为下一阶段模仿发音奠定基础。

（4）使婴儿进入规律生活状态，根据婴儿的身体发展特点和需要有序添加辅食。

婴儿对社会生活的适应表现为有规律地生活，婴儿应能在一定程度上控制内在生理需要。规律生活在婴儿的注意中占据的空间越来越小，婴儿将更多的精力转移至接受新事物。添加辅食是一种对婴儿身体消化能力的挑战。婴儿的消化系统发育缓慢，对不同营养素的吸收要循序渐进，家长要遵循科学添加辅食的原则。

（5）支持婴儿对自身和外界事物进行探索，创设环境鼓励婴儿认识自身行为与行为结果间的关系。

婴儿行为能力的增强促使其从混沌一体的主客体世界中一步步走出来，了解自身以及自身行为与相应客体变化之间的关系（即因果关系）。例如，4～6个月的婴儿会花很

多时间认真观察自己的双手，并在接触物品的过程中反复尝试使用双手能够做什么动作。虽然婴儿想要真正了解因果关系还有很长一段路要走，但从这个时期开始的重复游戏（以动作探索为主）是婴儿控制自己和外界的重要开端，也是其认知发展的重要起点。

2．4～6个月婴儿家庭教育的指导目标

（1）家长掌握正确的婴儿教养观，尊重婴儿、顺应婴儿的发展。

（2）家长继续巩固婴儿生活的规律，细化生活事件，使婴儿的生活有条不紊、可预期。

（3）家长掌握婴儿添加辅食的原则和具体方法，能根据婴儿的特点添加辅食。

（4）家长了解婴儿感觉统合发展的重要性，能借助日常用品帮助婴儿发展感知觉的配合能力。

（5）家长能够在日常生活中为婴儿发展自主翻身、独坐的能力提供机会，能利用安全的物品和游戏材料鼓励婴儿用手抓握、拍击；能正确认识婴儿用口腔探索的重要性，在保证婴儿健康安全的情况下，满足婴儿用口腔认识事物的发展需要。

（6）家长能通过观察、相处了解婴儿的气质特征，知道自身的教养行为会如何影响婴儿，并根据婴儿的特点和发展需要调整教养方法，为婴儿提供一贯的、持久的、适宜的教养方法。

（7）家长认识到与婴儿进行情感交流的重要性，多与婴儿一起参与游戏，并在与婴儿互动的过程中有意识地鼓励婴儿练习发音；知道如何渗透简单的交往规则，如轮流等待。

（8）家长有意识地引导婴儿观察、发现日常生活中常见的因果关系，如按遥控器——电视开；按开关——灯灭或亮；用手捏玩具——玩具发声等。

3．4～6个月婴儿家庭亲子活动游戏的指导方案

4～6个月婴儿家庭亲子活动游戏的指导方案包括大动作发展、精细动作发展、智能发展、语言发展、社会性发展和艺术发展家庭亲子活动游戏的指导方案。

（1）大动作发展家庭亲子活动游戏的指导方案——匍匐爬

① 游戏目的

发展婴儿利用双臂双腿交替向前移动的能力。

② 游戏准备

毛绒玩具、皮球等逗引玩具。

③ 游戏步骤

家长用逗引玩具引导婴儿趴在地垫上，同时使其使用双臂和双腿匍匐爬行。前进时，婴儿屈回右腿，伸出左臂，用右腿和左臂的力量使身体前移，同时屈回左腿，伸出右臂，再用左腿和右臂的力量使身体继续前移，交替前进，如图4-5所示。

④ 游戏重点

婴儿腹部着地，前臂和手掌抓地，向前拉动身体，双腿与手臂做对侧交替运动。这项游戏的持续时间应不短于3个月。

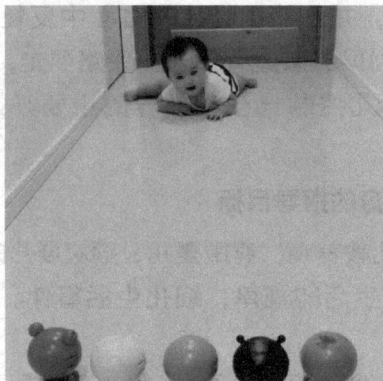

图4-5

（2）精细动作发展家庭亲子活动游戏的指导方案——手抓脚

① 游戏目的

发展婴儿用双手抓住并把玩双脚的能力。

② 游戏步骤

A. 婴儿光脚平躺在地垫上，家长将婴儿的一条腿弯曲至婴儿腹部，不要把脚放在婴儿的手中，引导婴儿自己用两只手抓一只脚玩耍，然后换另外一条腿完成该动作，最后婴儿应能完成用双手抓双脚的动作，如图4-6所示。

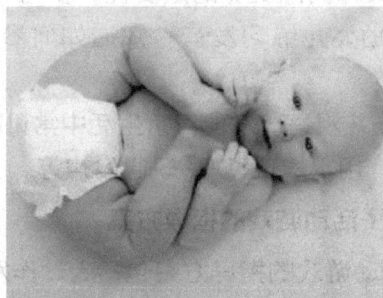

图4-6

B. 家长还可以给婴儿穿上袜子，引导婴儿用手抓脚上的袜子，如图4-7所示。

图4-7

③ 游戏拓展

家长引导婴儿用双手抓住双脚后，可以鼓励婴儿将双脚放入嘴里，如图4-8所示。

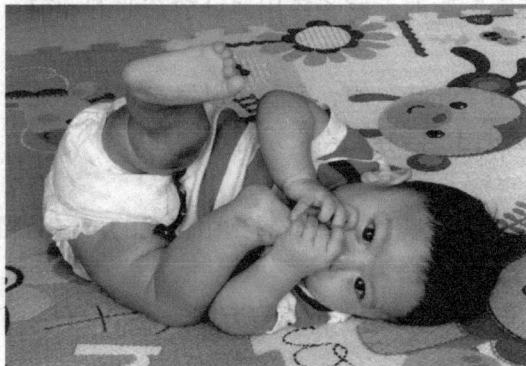

图4-8

【知识链接】

感知脚的意义

婴儿通过感知自己的双脚，懂得自己身体的各部位和身体两侧的概念及各部位的功能。这种内在的意识有助于婴儿开始关注自己，以及自己与周围环境中其他物体的分别，有助于婴儿懂得与周围环境进行交流并促成某些事情发生。婴儿感知自己的躯体及自己对周围环境影响的能力是理解因果关系的必备技能，这个技能促使婴儿学会利用身体和思维使环境中的事件按照自己的想法发生。

（资料来源：任绮，高立. 学前儿童体育与健康[M]. 北京：清华大学出版社，2014.）

（3）智能发展家庭亲子活动游戏的指导方案——笑嘻嘻

① 游戏目的

发展婴儿被逗笑的条件反射能力。

② 游戏步骤

A. 婴儿处于清醒状态时，家长抱着婴儿，挠挠他的身体，摸摸他的脸蛋，用愉快的声音、表情和动作去感染婴儿。

B. 婴儿的眼神渐渐变得柔和，而不像开始那样紧张，他的眼角会出现细小的皱纹，嘴角微微向上，露出欢快的神情。

③ 游戏拓展

家长可以用玩具逗引婴儿，或者把婴儿抱坐在腿上，通过颠动双腿逗引婴儿自主发笑。

（4）语言发展家庭亲子活动游戏的指导方案——打"哇哇"

① 游戏目的

发展婴儿连续而有节奏地发音的能力，使其初步感知声音。

② 游戏准备

一张干净的薄纸。

③ 游戏步骤

A. 家长先用手拍自己的嘴，发出"哇哇"声，然后拉着婴儿的手拍婴儿的嘴。

B. 当婴儿发出"哇哇"声时，家长拿出薄纸放在他的嘴前，通过观察纸张的振动，引导婴儿感知声音。

C. 如果婴儿不能发出"哇哇"声，家长可以发声，让婴儿看着家长的口形。拍婴儿嘴巴的时候，家长也可以发出"哇哇"声，示范给婴儿看。

④ 游戏拓展

家长还可以把薄纸放到婴儿嘴前，让他看到由自己的声音而引起的薄纸的振动状态，以便婴儿更好地感知声音。

（5）社会性发展家庭亲子活动游戏的指导方案——照镜子

① 游戏目的

A. 发展婴儿的自我认知能力。

B. 让婴儿了解身体各部位的名称。

② 游戏准备

一面全身镜。

③ 游戏步骤

A. 家长给婴儿穿上色彩鲜艳的衣服，将他抱到镜子前，让婴儿自发地触摸、拍打镜中的家长和自己的形象。

B. 家长对着镜子做表情，引导婴儿对着镜子模仿。家长可以唱儿歌助兴："大镜子照一照，里面有个好宝宝。我哭他也哭，我笑他也笑。"

C. 家长摸一摸婴儿的头、鼻子、眼睛等，同时告诉婴儿各个部位的名称。

D. 家长分别抬起婴儿的手和脚，让婴儿从镜子里看自己的手和脚。家长可以说："小手、小手，拍拍；小脚、小脚，蹬蹬。"

④ 游戏拓展

家长经常抱着婴儿照镜子，每次给婴儿穿上不同颜色的衣服。游戏过程中，家长经常和婴儿说话，可以有效帮助婴儿学习词语，不断地重复该游戏有利于婴儿语言能力的发展。

（6）艺术发展家庭亲子活动游戏的指导方案——用蔬菜印画

① 游戏目的

A. 发展婴儿的认知思维能力。

B. 发展婴儿的精细动作能力。

C. 发展婴儿的创造力和想象力。

② 游戏准备

A. 各种蔬菜。

B. 装有各种颜色的颜料的调色盘。

C. 水粉纸。

D. 婴儿画衣。

③ 游戏步骤

A. 家长带领婴儿了解完整的蔬菜的样子后，用刀把蔬菜切开，以垂直和平行等多种角度切开，以丰富婴儿对蔬菜的横切面的认知。

B. 家长为婴儿演示用各种蔬菜蘸着颜料在水粉纸上印画。

C. 家长给婴儿穿上画衣并带领婴儿一起用蔬菜蘸满颜料，在水粉纸上印画，印画效果如图4-9所示。

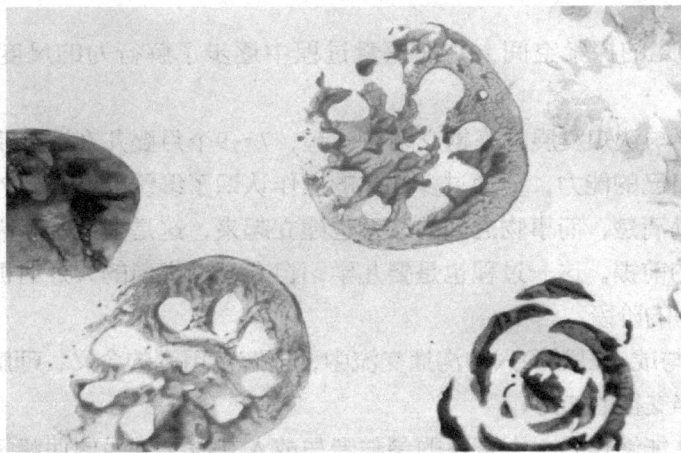

图4-9

D. 家长鼓励婴儿使用不同横切面的蔬菜和不同颜色，反复操作，重叠印画，创造不同的图案。

④ 游戏拓展

家长通过两两混合三原色，创造新的颜色，引导婴儿认识间色，引导婴儿自己创造间色及用蔬菜印画。

第二节　7～12个月婴儿家庭亲子活动游戏指导

一、7～9个月婴儿家庭亲子活动游戏指导

7～9个月婴儿家庭亲子活动游戏指导包括以下3部分内容：7～9个月婴儿家庭教育的重点、7～9个月婴儿家庭教育的指导目标和7～9个月婴儿家庭亲子活动游戏的指导方案。

1. 7～9个月婴儿家庭教育的重点

7～9个月婴儿家庭教育的重点主要包括以下4个方面。

（1）创造爬行空间，引导婴儿手膝爬；提供安全多样的操作材料供婴儿发展手指配合，两手合作探索物品的能力。

爬行是婴儿动作发展过程中的一个重要事件。首先，它标志着婴儿向成为独立的人迈出了重要的一步，对婴儿树立自信和探索世界具有极其重要的意义。其次，它对婴儿感觉

统合、大脑发展有积极的推动作用。爬行对个体协调能力的要求很高，在爬行时，个体不仅要挺直脊柱，协调双手双脚配合前行，而且要根据地面情况（如硬度，有无障碍物等）随时调整身体各部位肌肉的紧张度。因此，爬行是婴儿发展感觉统合能力的重要途径，对大脑皮质组织信息能力的提升有很大的帮助。

手是人类探索世界的最主要工具，手指的灵活性和双手的配合度是评判手的价值的重要指标。7～9个月婴儿的手作为探索工具的特性逐步增强，逐步取代之前的口腔探索工具。

（2）拓展婴儿的探索空间，并在探索过程中逐步了解行为的尺度，学习自我行为规范。

婴儿动作水平与认知发展越来越交融在一起，7～9个月婴儿在锻炼手和四肢的协调能力的同时认识了自己的能力，更通过多样化的操作认识了缤纷的世界。外界事物在婴儿的头脑中被逐步勾勒清楚，而事物之间的联系也建立起来，这是婴儿了解因果关系和利用外界事物解决问题的前提。这一过程也是婴儿学习自我行为规范的大好时机，婴儿已经到了学习管理自身行为的阶段。

（3）婴儿在与成人日益深入的沟通交流中，理解常用词的含义，理解他人情绪的社会含义，发展与同伴交往的能力。

7～9个月婴儿能够作为一个真正的参与者与成人交流，因为他理解了沟通就是借助工具传递思想的过程。这个阶段的婴儿能够理解交往中对方的动作、表情和语言的含义，并尝试模仿，在交往中拥有越来越多的主动权，具有巨大的社交发展潜力。在这个阶段与同伴交往可以提升婴儿的社交能力。

（4）培养婴儿的独立自主能力，在成人的帮助下学会独睡和进行简单的自我服务能力。

一步步走出成人的庇护、走向独立是个体发展的目标之一。婴儿独立自主能力的培养要从生活自理能力的培养开始，在睡眠状态时脱离成人是个相对轻松的开始，这个阶段的婴儿独自醒来，虽会感到不适和害怕，但成人的安抚会使婴儿平静下来。这个阶段婴儿动手能力的发展促使其能完成一些基本的自我服务活动，如双手扶着奶瓶喝奶，拥有这项能力能使婴儿的生活充满乐趣。

2．7～9个月婴儿家庭教育的指导目标

（1）家长在观察婴儿活动和亲子互动的过程中，体会婴儿自身强大的内在发展动力，学会尊重婴儿的发展方式和节奏，深入理解和践行顺应婴儿发展的理念。

（2）家长认识到培养婴儿的独立自主能力的重要性，掌握培养婴儿养成独睡习惯的正确方法，能利用日常生活培养婴儿的自我服务能力。

（3）家长了解这个阶段婴儿对营养的需求，正确进行婴儿长牙期护理。

（4）家长了解爬行和手指灵活性对婴儿发展的价值，开展相应的游戏引导婴儿全面发展。

（5）家长意识到婴儿自发探索的重要性，既能为婴儿的自由探索创造条件，又能以恰当的方式规范婴儿的行为，确保婴儿探索的安全。

（6）家长应巩固、加深亲子感情，正确认识和处理婴儿的分离焦虑；在情绪情感的表达上为婴儿树立典范，帮助婴儿学习自主安抚情绪。

（7）家长重视在亲子交往中为婴儿提供语言发展的机会，借助多种方式帮助婴儿理解常用词的概念。

（8）家长鼓励婴儿与同伴交往。

3. 7～9个月婴儿家庭亲子活动游戏的指导方案

7～9个月婴儿家庭亲子活动游戏的指导方案包括大动作发展、精细动作发展、智能发展、语言发展、社会性发展和艺术发展家庭亲子活动游戏的指导方案。

（1）大动作发展家庭亲子活动游戏的指导方案——手膝爬

① 游戏目的

发展婴儿肚子离开地面，用双手和双膝以对侧交替模式爬行的能力。

② 游戏步骤

家长引导婴儿身体呈手膝位，双手和双膝着地，手膝以对侧交替模式（右臂左腿，然后左臂右腿）爬行，如图4-10所示。

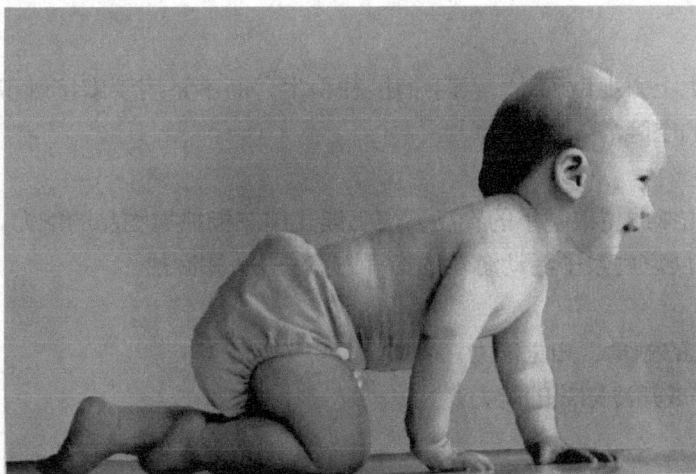

图4-10

③ 游戏要点

婴儿把头抬起来，五指分开着地，双臂与肩同宽，双膝着地，与肩同宽，双臂与双腿的运动方向相反（右臂左腿，然后左臂右腿）。

④ 游戏拓展

家长鼓励婴儿每日爬行长度累计不短于300米。

（2）精细动作发展家庭亲子活动游戏的指导方案——三指拿积木

① 游戏目的

发展婴儿用三指（大拇指和食指、中指）拿住积木，且积木和手掌之间有可见的空隙的能力。

② 游戏准备

边长为2.5厘米的正方体积木。

③ 游戏步骤

婴儿独坐一旁，家长拿出一块正方体积木，对婴儿说"宝宝来拿积木"，引导婴儿用三指（大拇指和食指、中指）拿住积木，婴儿的手部动作如图4-11所示，积木和手掌之间应有可见的空隙。

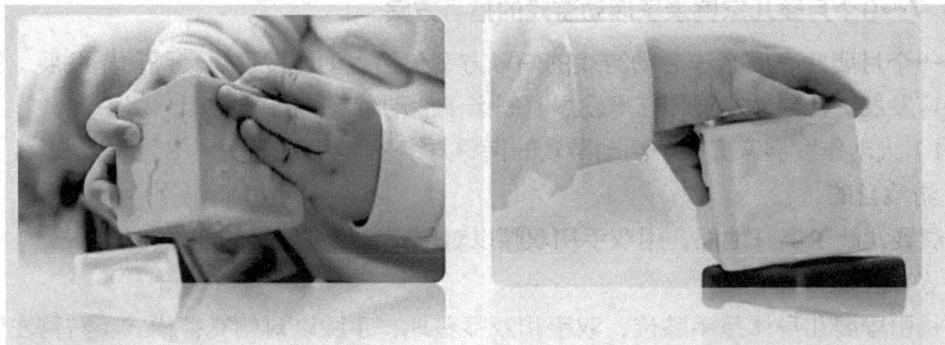

图4-11

④ 游戏重点

婴儿能从积木上方抓取积木，用手指接触积木，而不是用手掌接触积木，并且积木与手掌之间有可见的空隙。

⑤ 游戏拓展

家长引导婴儿抓握越来越小的物品，增强婴儿用三指抓握物品的能力。

（3）智能发展家庭亲子活动游戏的指导方案——认知冷热

① 游戏目的

A. 发展婴儿的触觉、知觉能力。

B. 使婴儿养成知冷知热的能力。

② 游戏准备

两个透明的、大小相同的瓶子，如矿泉水瓶。

③ 游戏步骤

A. 家长在两个瓶子中分别装入热水（不要过烫，能够感觉到热即可）和冷水，引导婴儿用双手握住瓶子，先热后冷，家长要注意观察婴儿的表情。

B. 家长鼓励婴儿交替用双手握住两个瓶子，同时告诉婴儿："这是热，这是冷，热使手暖和，冷使手冰凉。"

④ 游戏拓展

在握瓶认知冷热的基础上，家长还可以用两个盆分别装上冷水、热水，引导婴儿用双手感知水的温度，告诉婴儿："这是冷水，这是热水。"家长也可以引导婴儿抓握冷、热毛巾，或用冷、热毛巾分别刺激婴儿全身的皮肤。

（4）语言发展家庭亲子活动游戏的指导方案——小蜜蜂

① 游戏目的

A. 发展婴儿的语言理解力。

B. 培养婴儿的节奏感。

C. 发展婴儿理解语言和动作之间的关系的能力。

D. 发展婴儿的想象力和创造力。

② 游戏准备

小蜜蜂头饰一个。

③ 游戏步骤

A. 家长和婴儿面对面坐在床上或地垫上，家长带上头饰，扮成小蜜蜂。

B. 家长一边念"一只小蜜蜂"，一边伸出食指表示"一只"。

C. 家长念"飞到花丛中"时，在身体两侧伸出两只手并晃动双手做"飞"的动作。

D. 家长念"飞到西来飞到东"时，伸出左手和右手分别向左侧和右侧晃动身体，做"飞"的动作。

E. 家长念"飞来飞去嗡嗡嗡"时，夸张地发出"嗡嗡嗡"的声音，并微笑着靠近婴儿。

④ 游戏拓展

家长平时多用特定动作表达特定语言的意思，鼓励婴儿根据家长的语言做出相应的动作。

（5）社会性发展家庭亲子活动游戏的指导方案——模仿秀

① 游戏目的

A. 发展婴儿的观察力。

B. 发展婴儿的模仿能力。

② 游戏步骤

A. 家长把婴儿抱在怀里，唱到"小脑袋摇一摇"时做摇头动作，引导婴儿模仿。

B. 家长唱到"小舌头伸一伸"时做伸舌头的动作，对婴儿说"宝宝乖，小舌头伸出来，小舌头缩回去"，以引导婴儿模仿。

C. 家长唱到"小眼睛眨一眨"时做眨眼睛动作，引导婴儿模仿。

D. 家长唱到"小手指挠一挠"时用手做抓握动作，引导婴儿模仿。

E. 游戏过程中，家长可以分解游戏，分几次让婴儿模仿每一个动作。当婴儿学会全部动作之后，家长可以一边唱儿歌，一边和婴儿一起做动作："小脑袋摇一摇，小舌头伸一伸，小眼睛眨一眨，小手指挠一挠。"

③ 游戏拓展

模仿是婴儿学习的一种特殊形式，婴儿通过观察、模仿成人的动作、语言等，学习规则，然后将其融入自己的行为。在日常生活中，家长要注意自己的言行举止，以免婴儿无选择地全部模仿，还要充分意识到婴儿模仿学习的特点，为婴儿树立良好的模仿榜样。

（6）艺术发展家庭亲子活动游戏的指导方案——装饰塑料袋背心

① 游戏目的

A. 发展婴儿的大运动能力。

B. 发展婴儿对服装色彩、图案等装饰美的欣赏能力。

② 游戏准备

A. 带提手的塑料袋。

　　B．双面胶。

　　C．各种彩色图案纸。

③ 游戏步骤

　　A．家长为婴儿穿上用塑料袋制成的背心，并在塑料袋背心上贴双面胶。

　　B．家长把各种彩色图案纸撒在地垫上。

　　C．家长引导婴儿在地垫上通过爬、滚、扭等运动把彩色图案纸粘到背心上。

　　D．婴儿脱下背心，家长引导婴儿欣赏塑料袋背心上的彩色图案。

④ 游戏拓展

　　家长组织其他家庭成员参与这个游戏，让婴儿欣赏每个家庭成员的塑料袋背心上的彩色图案，如图4-12所示。

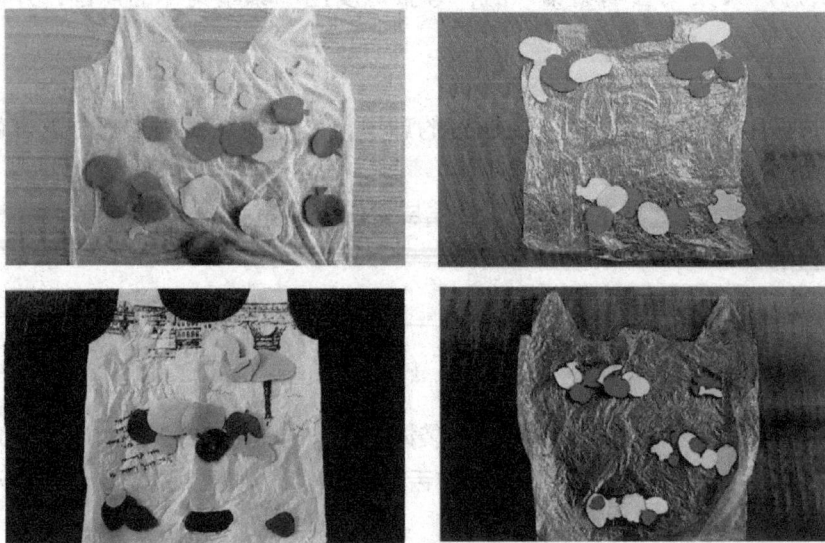

图4-12

二、10～12个月婴儿家庭亲子活动游戏指导

　　10～12个月婴儿家庭亲子活动游戏指导包括以下3部分内容：10～12个月婴儿家庭教育的重点、10～12个月婴儿家庭教育的指导目标和10～12个月婴儿家庭亲子活动游戏的指导方案。

1. 10～12个月婴儿家庭教育的重点

　　10～12个月婴儿家庭教育的重点主要包括以下4个方面。

　　（1）婴儿学习从扶物站到独立走；手指的灵活性持续增强。

　　能够直立行走和使用工具是人类区别于其他动物的重要标志。婴儿从四肢着地爬行到独立行走经历了一个复杂的学习过程。首先，婴儿要能够处于直立状态，这对双腿及躯干，包括头颈、背部、腰部力量的要求很高。其次，直立行走对个体平衡能力的要求很高，这是一个协调控制全身内外部的过程。

婴儿的双手在这个阶段将从参与"繁忙"的练习游戏逐步向完成工具性行为转化，大量的手部探索活动使婴儿明白手可以做很多事情。

（2）根据婴儿善于模仿的特点，创设问题情境，引导婴儿解决问题；鼓励婴儿在自我探索活动中认识自己。

问题解决能力是人的认知能力的核心部分，虽然10～12个月婴儿还只能运用已知的手段解决问题，但这一能力的产生使婴儿发现现实是可以改变的。当10～12个月婴儿对外界和自身有更多认识后，他会创造性地解决问题。这个阶段是智慧的萌芽时期，婴儿对外界的认识和对自己的认识是交织在一起的。10～12个月婴儿通过行动认识到自身具有的力量，通过交往看到别人眼中的自己，他开始更加细致地观察自己的外在和内心。婴儿的这一变化将引导他视自己为一个有想法、有情感的独立的人。

（3）创造语言交流环境，鼓励婴儿借助手势、体态和简单的词语进行社会交往，在交往中促进婴儿情绪发展的精细化以及与成人的合作。

10～12个月婴儿已发展为一个小交流家，能模仿特定文化背景下的语音，前期随意的发音练习大为减少，他们开始说话。虽然这个阶段的婴儿掌握的有限的词汇只与特定的人或事物相连，但这一语言能力标志着婴儿开始进入说话的萌芽时期。此时，婴儿迅速发展起来的手势语，不仅是促进婴儿进行社会交流的工具，还是一种意义联结，手势语的使用有助于婴儿概括性地掌握词汇。有了更丰富的交流手段，婴儿在交往中的情绪情感表达变得更精细，如婴儿可以准确表示愤怒、害怕、嫉妒、焦虑等情绪，越来越像情绪情感丰富的成人。词汇理解的发展增强了婴儿在交往中表现出来的服从性，学会听从指令和配合成人做事标志着他向社会人又近了一步。

（4）婴儿在成人的正确引导下开展如厕训练。

吃喝拉撒能够自理是人独立生活的核心内容，自主如厕表示婴儿从心理上走出了对成人的完全依赖状态，在这个转化训练中，婴儿更深刻地了解了自己，对独立有了更多的信心。

2. 10～12个月婴儿家庭教育的指导目标

（1）家长认识到培养婴儿独立意识和能力的重要性，会根据婴儿的特点进行有针对性的如厕训练。

（2）家长尊重婴儿的发展速度，不进行横向比较，充分了解婴儿的发展特点，并能在早教教师的引导下分析自身的教养行为与婴儿发展之间的关系。

（3）家长能够借助日常生活中的物品，引导婴儿自发地开展行走和手指精细化练习；在确保婴儿安全的同时，鼓励婴儿勇于尝试、大胆创新。

（4）家长花较多时间与婴儿一起做游戏，在游戏中为婴儿提供语言、行为操作等多方面的示范，有意识地创设简单的问题情境，引导婴儿解决问题。

（5）家长运用规范、标准、简洁的语言与婴儿交流，以恰当的手势和态度与婴儿交流，并引导婴儿学习；积极回应婴儿的模仿发音，借助绘本等早期阅读材料丰富婴儿的词汇量。

（6）家长鼓励婴儿完成自我服务行为，尽可能让婴儿有更多的机会练习自己吃东西、喝水，配合成人做力所能及的事情。

3. 10～12个月婴儿家庭亲子活动游戏的指导方案

10～12个月婴儿家庭亲子活动游戏的指导方案包括大动作发展、精细动作发展、智能发展、语言发展、社会性发展和艺术发展家庭亲子活动游戏的指导方案。

（1）大动作发展家庭亲子活动游戏的指导方案——独立行走

① 游戏目的

发展婴儿独立行走的能力。

② 游戏步骤

婴儿无支撑独自站立，家长在其面前60厘米处展开双臂，对婴儿说"宝宝自己走过来，妈妈抱"，引导婴儿在无帮助的情况下向前迈步，独立行走，如图4-13所示。

图4-13

③ 游戏重点

婴儿独立行走时，身体与地面垂直，交替式迈步，脚接触地面的顺序是先脚跟、后脚趾。

④ 游戏拓展

家长引导婴儿一次性独立行走20步以上。

（2）精细动作发展家庭亲子活动游戏的指导方案——大拇指和食指对捏

① 游戏目的

发展婴儿用大拇指和食指指尖捏起小粒食物的能力。

② 游戏准备

几粒食物。

③ 游戏步骤

家长抱着婴儿坐在桌边，把几粒食物放在桌上婴儿够得着的地方（如碗中），对婴儿说"宝宝，把食物拿起来"，引导婴儿用大拇指和食指指尖捏起小粒食物，同时婴儿的手掌、手腕和手臂尽量不接触桌面，如图4-14所示。婴儿左右手都要完成该动作。

图4-14

④ 游戏重点

婴儿能在手掌、手腕和手臂无桌面支撑的情况下，用大拇指和食指指尖捏起小粒食物。

⑤ 游戏拓展

家长引导婴儿捏起细小的物品，如头发丝等。

（3）智能发展家庭亲子活动游戏的指导方案——认知红色

① 游戏目的

发展婴儿的颜色认知能力。

② 游戏准备

一些红色的玩具。

③ 游戏步骤

A. 家长在玩具中放一件婴儿喜爱的红色玩具，如红色积木，反复告诉他："这块积木是红色的。"然后家长拉着婴儿的手，让婴儿从几种不同的玩具中拿起这块红色积木。

B. 家长拿出另一个红色的玩具，如红色瓶盖，告诉婴儿："这也是红色的。"当他表示疑惑时，家长再将一块红布、红色拼图和红色瓶盖放在一起，告诉他："这些都是红色的，那些都不是红色的。"但家长不能说哪些玩具是白色的、黄色的，要让他把注意力集中到红色玩具上。

C. 家长把上述玩具放在一起，告诉婴儿："这些都是红色的。"

D. 家长一次只能教婴儿认知一种颜色，教会后要巩固一段时间，再教婴儿认知第二种颜色。如果婴儿在家长用一个"红"字指认几种玩具时迷惑不解，甚至连最开始展示的红色玩具都不认识时，家长就要再过几天另拿一件婴儿喜欢的玩具重新开始这个游戏。

④ 游戏拓展

颜色是比较抽象的概念，家长要给婴儿充足的时间让他慢慢理解，认知第一种颜色通常需要3～4个月。颜色要慢慢认知，家长不能着急，不能同时介绍两种颜色，否则婴儿更易混淆。

（4）语言发展家庭亲子活动游戏的指导方案——认知动物的声音

① 游戏目的

A. 发展婴儿的动物认知能力。

B. 发展婴儿的听觉辨认能力。

C. 发展婴儿的分类和配对的能力。

② 游戏准备

A. 有各种动物的图片，如鸭、鸡、狗、猫、马、牛、鸟、青蛙、老虎、狮子、熊等。

B. 对应图片中的动物的叫声录音。

③ 游戏步骤

A. 家长引导婴儿认知图片中动物的名称。

B. 家长引导婴儿从一堆图片中辨认各种动物。

C. 家长引导婴儿把图片中的动物与动物的叫声一一对应。

D. 家长播放一种动物的叫声，引导婴儿找到对应的图片，并鼓励婴儿模仿该动物的叫声。

④ 游戏拓展

A. 家长录下婴儿熟悉的人的声音，如爷爷、奶奶、保姆等的声音，引导婴儿根据声音辨认每个人。

B. 家长录下婴儿感兴趣的各种声音，如狗叫声、动画片插曲、电话铃声、钥匙开门声等，把录音放给婴儿听，引导他辨认每一种声音。

（5）社会性发展家庭亲子活动游戏的指导方案——学礼仪

① 游戏目的

A. 发展婴儿的理解和模仿能力。

B. 发展婴儿的社交礼仪能力。

② 游戏准备

婴儿喜欢的一个玩具。

③ 游戏步骤

A. 第一位家长递给婴儿一个他喜欢的玩具，当婴儿伸手拿玩具时，第二位家长在一旁说"谢谢"，并点点头或做鞠躬动作。

B. 第一位家长引导婴儿模仿第二位家长的动作，如果婴儿按照要求做了，要亲一下婴儿的脸颊以示鼓励。

C. 第二位家长做离开的动作，第一位家长一边说"再见"，一边挥动婴儿的手，教他做"再见"的动作。

D. 家里来了客人，家长说"你好，欢迎"并教婴儿拍手表示欢迎。

④ 游戏拓展

A. 学习一般交际规则、交往礼仪，让婴儿学会尊重长辈、有礼貌地与人交往，这是婴儿在社会化过程中需要学习的重要知识。家长平时要多为婴儿创设一些具体的语言情境，使婴儿在语言交往中理解词语的含义，并学习语言交际规则。

B．在理解词义前，婴儿要先理解语调和表情。成人说话时的语调和表情在婴儿的语言和情感学习中起着非同寻常的作用。

（6）艺术发展家庭亲子活动游戏的指导方案——切切菜

① 游戏目的

A．发展婴儿跟着歌曲做出准确的互动动作的能力。

B．发展婴儿的音乐能力。

C．发展婴儿的思维能力。

② 游戏准备

歌曲《过家家》的乐谱如图4-15所示。

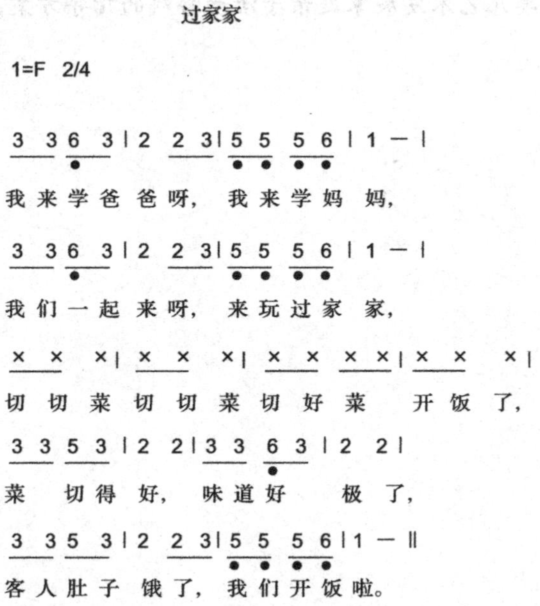

图4-15

注："｜"是每个小节的终止线，每行乐谱由4个小节组成；"‖"是最后一个小节的终止线，表示歌曲结束了。

③ 游戏步骤

A．家长让婴儿熟悉歌曲后，握着婴儿的双手根据歌词做出相应的动作。

B．播放到第一至八小节时，家长握着婴儿的双手跟随歌曲节奏左右晃动。

C．播放到第九至十四小节时，家长握着婴儿的双手做出切菜的动作。

D．播放到第十五至十六小节时，家长握着婴儿的双手做出闻菜的动作。

E．播放到第十七至十八小节时，家长握着婴儿的双手摸婴儿的肚子表示肚子饿。

F．播放到第十九至二十小节时，家长握着婴儿的双手做出吃饭的动作。

④ 游戏拓展

家长改编歌词，如把"切切菜"变成"炒炒菜"等。

课后练习题

1. 简述0～12个月婴儿家庭教育的重点和指导目标。

2. 创编0～12个月婴儿大动作发展家庭亲子活动游戏的指导方案。

3. 创编0～12个月婴儿精细动作发展家庭亲子活动游戏的指导方案。

4. 创编0～12个月婴儿智能发展家庭亲子活动游戏的指导方案。

5. 创编0～12个月婴儿语言发展家庭亲子活动游戏的指导方案。

6. 创编0～12个月婴儿社会性发展家庭亲子活动游戏的指导方案。

7. 创编0～12个月婴儿艺术发展家庭亲子活动游戏的指导方案。

第五章

1～2岁婴幼儿家庭亲子活动游戏指导

本章学习目标

1. 掌握13～18个月婴幼儿家庭教育的重点和指导目标。
2. 学会运用13～18个月婴幼儿家庭亲子活动游戏的指导方案。
3. 掌握19～24个月婴幼儿家庭教育的重点和指导目标。
4. 学会运用19～24个月婴幼儿家庭亲子活动游戏的指导方案。

1～2岁的婴幼儿已经学会了走，开始跑。他们的小手更加灵巧，掌握的词汇量增多，会说一些双词句，喜欢模仿，勇于探索，爱发脾气。1～2岁婴幼儿的家长要掌握好婴幼儿自由发展和家长提供必要的保护和约束的尺度。

第一节 13～18个月婴幼儿家庭亲子活动游戏指导

一、13～18个月婴幼儿家庭教育的重点和指导目标

下面将介绍13～18个月婴幼儿家庭教育的重点和指导目标，帮助家长更好地开展家庭亲子活动。

1. 13～18个月婴幼儿家庭教育的重点

13～18个月婴幼儿家庭教育的重点主要包括以下5个方面。

（1）创设环境，鼓励婴幼儿以各种安全的方式探索客体的属性，初步掌握分类和配对，并借助对客体世界认识的加深来创造性地解决问题。

人对客体及自身的认识要经历由外到内、由表及里的过程，才能逐步把握本质属性。婴幼儿在1岁前会花大量的时间认识自我，其中涉及对客体的关注和操作，但婴幼儿真正以客体为主要探索对象是在1岁之后。此时的婴幼儿已经对自己的能力有一个初步了解，他在感知并操作客体的过程中发现：有些要素在具体的事物上是恒定不变的，如苹果是圆圆的、红红的；积木是方的，家里有一堆，可以垒起高楼，这就是事物的属性。13～18个月的婴幼儿可以理解这些要素属于具体事物，它们因事物而存在。这一阶段的婴幼儿的认识已超越了"这是什么"的简单回忆，表明他们能从客体的角度相对抽象地开展认识活动，具备这一能力是婴幼儿进行分类、配对的基础，即婴幼儿以客体的大小、形状、颜色等属性作为分类、配对的依据。婴幼儿在探索客体属性的过程中获得的物理知识能帮助他更好地认识客体间的关系，如拽住车子上的绳子就无法推动车子，婴幼儿开始把客体放在一起比较来开展认识活动。

（2）提供合适的玩具，促使婴幼儿在全身协调活动中增强身体的灵活性、肌肉力量和反应能力，学习按照事物的属性操作客体。

婴幼儿在1岁前实现了行动上的独立，可以走到他想去的地方，操作拿在手里的物品，但作为探索的主体，婴幼儿还需要发展更多、更复杂的行动能力，而身体部位的灵活协调配合能帮助他实现这一目标。婴幼儿还可以同时进行手部操作，如拖拉玩具，蹲下站起取物、抛物等，身体动作的多种组合使婴幼儿有更多可能认识事物，进而激发婴幼儿自主探索的热情。

婴幼儿探索外界一方面是为了深化对事物物理知识的认识，另一方面是为了更好地适应外界。婴幼儿要学会按事物本身的特点操作和使用它。这些模式化的功能性操作由事物的属性和社会文化共同确定，掌握它们会使婴幼儿的生活更便捷。事物的功能性操作并不影响婴幼儿创造性地使用它们。

（3）提供恰当多样的早期阅读材料让婴幼儿喜欢上阅读，鼓励婴幼儿用词语表达想法。

早期阅读为0~3岁婴幼儿提供了一种全新的生活方式。通过早期阅读，婴幼儿丰富了视觉体验、学习概念，家庭成员间加强了亲子交流，婴幼儿的表征思维产生。这些经历的作用在婴幼儿1岁以后开始彰显，并与婴幼儿语言能力的发展交织在一起。语言能力的发展表明婴幼儿可以理解符号的替代功能，而早期阅读材料所呈现的内容，既包括直观真实的实物形象，也包括形象经过一定程度改变的模拟形象，后者在本质上是实物的一种替代表现形式。

（4）尊重婴幼儿的独立要求，允许他做力所能及的事，同时注重培养婴幼儿遵守行为准则的能力，重视培养婴幼儿的同情心。

独立意识的萌芽，既表明婴幼儿各方面能力的增强，也标志着婴幼儿的自我意识实现了质的飞跃，这是人类个体出生后出现的第一次心理上的独立，是成熟个体实现最终独立的第一步。它主要表现在婴幼儿想尝试做所有事，希望所有事都能如他所愿。这个独立的过程往往伴随着危机和挫折，婴幼儿必须同时加强行为约束与自控能力，而后者本身也是独立的重要组成部分。独立意识不仅使婴儿认识了自己，也使其更注意他人，能够从外在情绪上模仿他人，与他人产生共鸣，这是婴幼儿建立同情心的开始。

（5）创造机会让婴幼儿练习用勺子吃饭、用杯子喝水，在成人的帮助下学会洗手、洗脸和刷牙。

生活自我服务基本以手部的精细动作为条件，以物品的正确操作为前提，以独立意识的产生为心理基础，而自我服务又反过来促进了这些能力的发展，并为婴幼儿以后适应托幼机构的集体生活做准备。

2. 13~18个月婴幼儿家庭教育的指导目标

（1）家长了解13~18个月婴幼儿认识事物的特点，即婴幼儿是在以多种方式探索客体而不是在搞破坏，家长能够借助各种玩具和日常生活用品引导婴幼儿开展练习游戏和想象游戏。

（2）家长能够从意识和行动上加强对13~18个月婴幼儿的保护，在确保婴幼儿安全的前提下，鼓励婴幼儿开展全身协调性活动游戏和安静的手部精细动作活动。

（3）家长正确认识婴幼儿日益强烈的独立诉求，以及伴随这一心理产生的负面情绪，如反对变化、发脾气、逆反等，帮助婴幼儿学习控制不良情绪。

（4）家长会选择恰当多样的早期阅读材料与婴幼儿开展亲子阅读，在亲子交流中使用正确、规范的语言与婴幼儿交流，使婴幼儿乐于使用语言符号。

（5）家长重视对婴幼儿生活自理能力的培养，有条不紊地帮助婴幼儿学习，有足够的耐心等待婴幼儿反复练习并取得进步，认识到看似缓慢又麻烦的练习正是契合了婴幼儿的发展特点。

二、13～18个月婴幼儿家庭亲子活动游戏的指导方案

13～18个月婴幼儿家庭亲子活动游戏的指导方案包括大动作发展、精细动作发展、智能发展、语言发展、社会性发展和艺术发展家庭亲子活动游戏的指导方案。

1. 大动作发展家庭亲子活动游戏的指导方案

13～18个月婴幼儿大动作发展家庭亲子活动游戏的指导方案包括两个，分别是爬上、爬下楼梯和手扶楼梯扶手下楼梯。

（1）爬上、爬下楼梯

① 游戏目的

A. 发展婴幼儿通过手膝爬方式爬上楼梯的能力。

B. 发展婴幼儿独立向下倒退着爬下楼梯的能力。

② 游戏准备

A. 皮球等逗引玩具。

B. 楼梯。

③ 游戏步骤

A. 爬上楼梯

婴幼儿坐在楼梯下，家长把逗引玩具放在第三级台阶上，对婴幼儿说"宝宝，爬上去拿玩具"，引导婴幼儿通过手膝爬方式爬上两级台阶拾取玩具，如图5-1所示。

图5-1

必要时，家长可以示范动作，并做好在婴幼儿失去平衡时，保护婴幼儿的准备。

B．爬下楼梯

家长把婴幼儿的双手放在第五级台阶上，双膝放在第四级台阶上，家长站在楼梯下面，对婴幼儿说"宝宝，往下退着爬，爬到妈妈这儿来"，引导婴幼儿通过腿先退、手后退的方式，退到楼梯下面，如图5-2所示。

图5-2

必要时，家长可以示范动作，并做好在婴幼儿失去平衡时，保护婴幼儿的准备。

④ 游戏重点

A．爬上楼梯：婴幼儿呈双手双膝跪姿，移动双腿和臀部爬上楼梯，对侧肢体协调运动。

B．爬下楼梯：婴幼儿呈双手双膝跪姿，移动双腿和臀部爬下楼梯，对侧肢体协调运动。

（2）手扶楼梯扶手下楼梯

① 游戏目的

发展婴幼儿用一只手握住家长的手指，另一只手扶着楼梯扶手或墙走下楼梯的能力。

② 游戏准备

楼梯。

③ 游戏步骤

家长把婴幼儿放在一段楼梯上，让其一只手扶楼梯扶手或墙，家长站在婴幼儿身旁，让婴幼儿用另一只手握住自己的手指，对婴幼儿说"宝宝，咱们一起走下楼梯"，引导婴幼儿用一只手握住家长的手指、另一只手扶着楼梯扶手或墙走下楼梯，如图5-3所示。

图5-3

④ 游戏重点

婴幼儿下楼梯时双脚以上保持平衡，一只脚或双脚踏在一级台阶上，或连续交替落脚。

2．精细动作发展家庭亲子活动游戏的指导方案

13～18个月婴幼儿精细动作发展家庭亲子活动游戏的指导方案包括两个，分别是指尖捏和放形状块。

（1）指尖捏

① 游戏目的

A．发展婴幼儿用大拇指和食指指尖捏起小物品的能力。

B．发展婴幼儿的颜色认知能力。

C．发展婴幼儿的艺术赏析能力。

② 游戏准备

彩色跳棋，如图5-4所示。

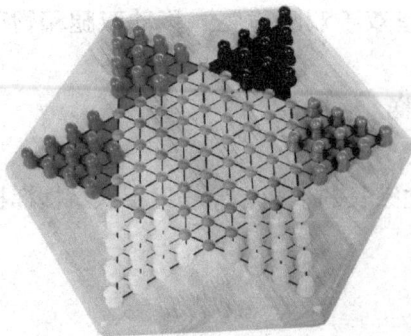

图5-4

③ 游戏步骤

A．家长引导婴幼儿用大拇指和食指指尖把跳棋棋子捏起来，然后放到棋盘上的任意小孔里，注意不要让婴幼儿把棋子吃进嘴里。

B．家长要求婴幼儿用大拇指和食指指尖把跳棋棋子捏起来，然后放到棋盘上对应颜色的小孔里。

C．家长引导两个婴幼儿玩跳棋，鼓励他们用不同的颜色把自己面前的三角形棋盘小孔填满，并相互欣赏对方的作品，如图5-5所示。

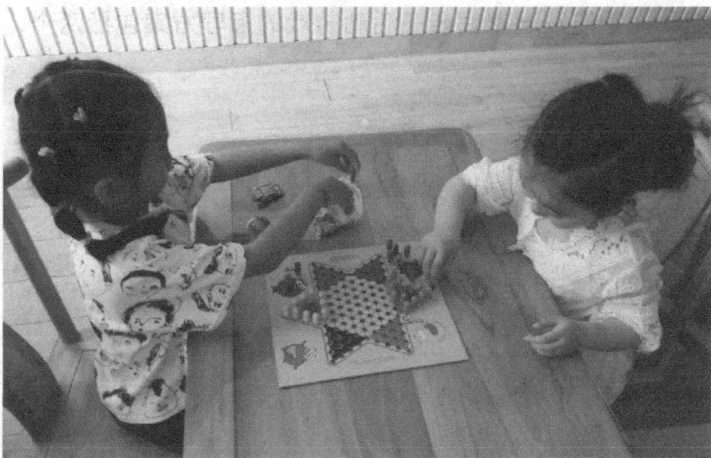

图5-5

④ 游戏拓展

待婴幼儿熟练掌握用大拇指和食指指尖捏起棋子的动作后，家长把跳棋棋子换成黄豆或绿豆等更小的物品，加大难度。

（2）放形状块

① 游戏目的

发展婴幼儿把3个形状块放到对应的形状洞里的能力。

② 游戏准备

3个形状块（三角形、圆形、正方形）和形状板，如图5-6所示。

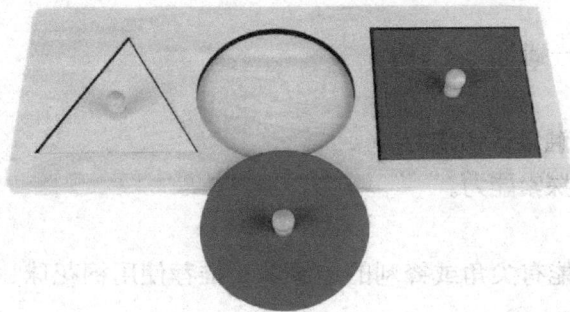

图5-6

③ 游戏步骤

婴幼儿坐在桌边，家长把形状板和3个形状块放在婴幼儿面前（每个形状块不要放在对应的形状洞旁），对婴幼儿说"宝宝，请把形状块放进形状板对应的形状洞里"，引导婴幼儿把3个形状块放进对应的形状洞里。

④ 游戏重点

婴幼儿有图形认知能力及把形状块和相应的形状洞配对的能力。

3. 智能发展家庭亲子活动游戏的指导方案

13～18个月婴幼儿智能发展家庭亲子活动游戏的指导方案包括两个，分别是挖宝藏和摸一摸、猜一猜。

（1）挖宝藏

① 游戏目的

A. 发展婴幼儿的精细动作能力。

B. 发展婴幼儿的团队合作能力。

C. 发展婴幼儿的图形组合能力。

② 游戏准备

A. 沙子。

B. 盆。

C. 有4块嵌板的拼图。

D. 勺子或小铲子。

③ 游戏步骤

A. 家长先把沙子放到盆里，将拼图拆分成4块嵌板，埋到沙子里。

B. 家长告知婴幼儿"沙子里埋有宝藏，宝宝把宝藏挖出来"，鼓励婴幼儿使用勺子或小铲子等工具挖出4块嵌板。

C. 家长表扬婴幼儿"哇，宝宝太棒了，挖出了4块嵌板，宝宝能不能把4块嵌板拼成一幅完整的图案呢？"家长要鼓励婴幼儿把挖出的4块嵌板拼成完整的图案，并告知家长挖出来的"宝藏"是什么。

④ 游戏拓展

家长引导婴幼儿和家庭成员一起，挖出更多、更复杂的嵌板或其他可以组装成玩具的部件。

（2）摸一摸、猜一猜

① 游戏目的

A. 发展婴幼儿的触觉认知能力。

B. 发展婴幼儿的探索能力。

② 游戏准备

A. 6种物品（不能有尖角或锋利的边缘），推荐使用棉花球、塑料刷子、网球、海绵、乒乓球和木制积木。

B. 不透明的布袋子。

③ 游戏步骤

A. 家长向婴幼儿展示6种物品，只让婴幼儿用眼睛看，不用手摸。

B. 家长把6种物品放进布袋子里，引导婴幼儿按照语言指令摸出布袋子里的物品。

④ 游戏拓展

家长引导婴幼儿说出自己想摸出什么物品后，再从布袋子里摸出自己想摸的物品。

4. 语言发展家庭亲子活动游戏的指导方案

13~18个月婴幼儿语言发展家庭亲子活动游戏的指导方案包括两个，分别是听不同和小超市。

（1）听不同

① 游戏目的

A. 发展婴幼儿的听觉感知能力。

B. 发展婴幼儿的听觉辨别能力。

② 游戏准备

A. 10个相同的、有盖且不透明的小瓶。

B. 5种可放进小瓶里并能晃动发出声音的物品，如米粒、曲别针、水、豆子、盐。

③ 游戏步骤

A. 家长把5种物品放进10个小瓶里，每2个小瓶里放入相同种类、相同数量的物品，即2瓶米粒、2瓶曲别针、2瓶水、2瓶豆子、2瓶盐。

B. 家长把10个小瓶平均分成2组，拿出其中一组的一个小瓶摇一摇，让婴幼儿听清声音后，引导婴幼儿在另一组中找出能发出相同声音的小瓶。

C. 家长鼓励婴幼儿继续玩，直到将所有小瓶配对。

D. 家长打开小瓶让婴幼儿看看里面装的是什么。

④ 游戏拓展

在透明玻璃杯里面装入不同量的水，家长引导婴幼儿用汤匙轻轻敲击玻璃杯，听听它们发出来的不同声音。

（2）小超市

① 游戏目的

A. 发展婴幼儿的语言能力。

B. 发展婴幼儿的认知能力。

C. 让婴幼儿理解买卖关系。

② 游戏准备

A. 婴幼儿熟悉的水果卡片。

B. 婴幼儿熟悉的蔬菜卡片。

C. 用纸片制成的"钱"。

③ 游戏步骤

A. 家长把水果卡片和蔬菜卡片贴在墙上，并给婴幼儿一些"钱"。

B. 家长鼓励婴幼儿"购买"水果、蔬菜，引导婴幼儿说出水果或蔬菜的名称，当婴幼儿说出正确的名称后，家长取下对应的卡片并交给婴幼儿，然后收取婴幼儿手里的"钱"。

④ 游戏拓展

如果婴幼儿对这种游戏很感兴趣，家长应鼓励婴幼儿"购买"不同种类的物品，增强婴幼儿的语言能力。

5. 社会性发展家庭亲子活动游戏的指导方案

13～18个月婴幼儿社会性发展家庭亲子活动游戏的指导方案包括两个，分别是贴贴画和小助手。

（1）贴贴画

① 游戏目的

A. 让婴幼儿认知身体的各个部位。

B. 发展婴幼儿的社交互动能力。

C. 让婴幼儿认知物品的恒常性。

D. 发展婴幼儿的记忆能力。

② 游戏准备

5张贴画。

③ 游戏步骤

A. 家长与婴幼儿面对面站立，间隔一个手臂的距离。

B. 家长在婴幼儿身上贴5张贴画，有的贴得比较隐蔽，如掌心；有的比较明显，如脸蛋上。

C. 家长说出第一张贴画的位置时，引导婴幼儿从身上找到相应的贴画，把贴画取下，并贴到对面家长对应的身体部位，如从掌心取下的苹果贴画，贴到对面家长的掌心。

D. 家长与婴幼儿继续游戏，直到5张贴纸都从婴幼儿身上转移到对面家长对应的身体部位。

④ 游戏拓展

家长把贴画贴在婴幼儿头部，告诉婴幼儿"苹果贴在额头上了，小马贴在耳朵上了，小花贴在脸蛋上了"，说出贴画上的内容，与婴幼儿继续玩这个游戏。

（2）小助手

① 游戏目的

A. 让婴幼儿了解日常用品的用途。

B. 发展婴幼儿初步解决问题的能力。

② 游戏准备

日常生活用品。

③ 游戏步骤

家长向婴幼儿求助："宝宝，请帮我找一找梳头用的物品。""宝宝，请你找一找哪个物品能刷牙。""宝宝，爸爸要去上班了，但现在外面下雨了，你能帮爸爸想个好办法吗？""宝宝，妈妈用什么喝水呢？"家长引导婴幼儿找到、指认对应的物品并说出物品的名称。

④ 游戏拓展

随着婴幼儿日常生活经验和知识的积累，家长逐步提高待解决问题的难度，如"宝宝，爷爷用什么物品浇花？""宝宝，奶奶想听新闻和天气预报，怎么办？""宝宝，爸爸用什么开房门？用什么开车门？""宝宝，现在太热了，用什么物品能让妈妈凉快些呢？"

6．艺术发展家庭亲子活动游戏的指导方案

13～18个月婴幼儿艺术发展家庭亲子活动游戏的指导方案包括两个，分别是鼓槌敲敲敲和鞋子打节奏。

（1）鼓槌敲敲敲

① 游戏目的

A．发展婴幼儿的精细动作能力。

B．发展婴幼儿的音乐赏析能力。

C．发展婴幼儿的音乐表达能力。

D．发展婴幼儿的美术赏析能力。

② 游戏准备

A．爵士鼓演奏视频。

B．直径为20厘米的圆形纸片。

C．木棒。

D．布。

E．皮筋。

F．装有红、黄、蓝三色颜料的调色盘。

G．爵士乐音乐。

H．小军鼓。

I．婴幼儿画衣。

③ 游戏步骤

A．家长为婴幼儿制作两个鼓槌——用皮筋把布绑在木棒的顶端。

B．家长给婴幼儿观看爵士鼓演奏视频，鼓励婴幼儿左右手各握一个鼓槌，随着音乐的节奏模仿视频中打鼓的动作。

C．为婴幼儿穿好画衣后，家长播放爵士乐音乐，为婴幼儿提供圆形纸片作为鼓面，让婴幼儿用鼓槌蘸上不同颜色的颜料并敲击鼓面。

D．家长组织其他家庭成员一起参与这个游戏，然后把所有人的作品挂在一起，让婴幼儿欣赏由多种颜色的点、线组合而成的不同画面的美，如图5-7所示。

④ 游戏拓展

家长在小军鼓的鼓面上铺报纸，用鼓槌蘸上不同颜色的颜料，鼓励婴幼儿随着音乐的节奏尽情地、有节奏地敲击鼓面，欣赏敲击鼓面后在报纸上形成的美丽图案。

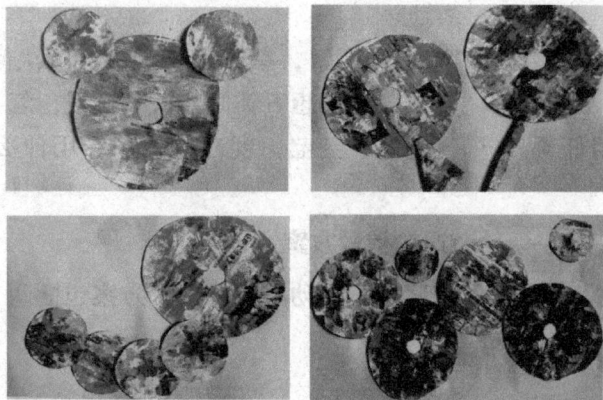

图5-7

（2）鞋子打节奏

① 游戏目的

A．发展婴幼儿的身体协调性。

B．发展婴幼儿的节奏感。

C．发展婴幼儿的音乐创编能力。

② 游戏准备

A．旧鞋子。

B．金属垫圈。

C．强力胶。

D．节奏欢快的音乐。

③ 游戏步骤

A．家长用强力胶给每只旧鞋子粘6个金属垫圈，其中脚掌部位粘3个，脚跟部位粘3个，每3个金属垫圈粘成半圆形。

B．强力胶干后，家长和婴幼儿都穿上旧鞋子。

C．家长引导婴幼儿用一只脚站立，另一只脚的脚掌或脚跟点地。

D．播放节奏欢快的音乐，家长引导婴幼儿随着节奏跺脚：脚掌点地、脚跟点地。

④ 游戏拓展

家长引导婴幼儿随着音乐的节奏自行跺脚。

第二节　19～24个月婴幼儿家庭亲子活动游戏指导

一、19～24个月婴幼儿家庭教育的重点和指导目标

接下来将介绍19～24个月婴幼儿家庭教育的重点和指导目标。

1. 19～24个月婴幼儿家庭教育的重点

19～24个月婴幼儿家庭教育的重点主要包括以下5个方面。

（1）通过解决问题和想象游戏，发展婴幼儿的表征思维能力，拓展和加深婴幼儿对社会生活的认识。

思维从"直觉行动"发展到"具体形象"，是0～3岁阶段婴幼儿认知发展的一次重大转折，标志着婴幼儿开始摆脱对直接感知和操作的依赖，能够借助对事物的形象或系列动作的记忆应对现实生活。认知上的质的飞跃可以使婴幼儿认识更多、更概括的事物和概念，成人在现实生活中可以清晰地看到婴幼儿的进步。这个阶段的婴幼儿开始进行想象游戏，即婴幼儿在经历生活和熟悉事物的过程中的具体形象表征。婴幼儿认知能力的提升也令人刮目相看，他们不仅理解和掌握了有具体概念的词汇，还理解和掌握了反映事物属性和人为约定的抽象词汇，这些词汇既是上一阶段婴幼儿探索认知的成果，也是其今后发展认知的工具。

（2）创设语言交流情境鼓励婴幼儿使用双词句，使他们在语言的运用上更加积极主动。

双词句的出现既表明婴幼儿词汇量的增加，又说明他们开始理解语法结构。婴幼儿使用双词句，能够使他们在人际交往中更容易被他人理解，也会激励他们使用语言。婴幼儿在这一阶段会爆发性地运用语言。语言是人类特有的认识和交流工具，灵活、创造性地运用语言是个体适应社会的表现之一。19～24个月婴幼儿已初步表现出"驾驭"语言的能力，这是婴幼儿在语言发展上可喜的进步。

（3）利用游戏和日常生活情景加深婴幼儿对自我的认识，帮助他们学习调控情绪，发展婴幼儿的利他行为。

2岁是婴幼儿自我意识发展的转折阶段，这个阶段的婴幼儿开始使用词汇"我"，进入人生的第一逆反期。在这个转折阶段，家长要帮助婴幼儿形成正确的自我认识，尤其是要帮助婴幼儿顺利克服能力不足与自我意识过剩造成的情绪偏差，家长的帮助对婴幼儿的全面健康发展非常重要。婴幼儿自我意识的形成也是培养其利他行为的好机会。在此之前，婴幼儿并未明确地拥有意识，而自我意识的产生使婴幼儿开始考虑"我的、你的和他的"。虽然这时候他们更多考虑的是"我的"，但也已经能够意识到别人也有拥有物品的需要。

（4）在婴幼儿掌握基本动作的同时，引导婴幼儿掌握一些技巧性动作，进一步提高婴幼儿用手部操作物品的精细化程度。

人一生中可以实现的身体动作几乎是无限多的，但这些动作都要建立在基本动作的基础上。3岁前，婴幼儿会掌握绝大部分基本动作，也开始逐步掌握建立在基本动作基础上的更复杂的技巧性动作。技巧性动作可以帮助人们更好地适应生活、改善生活。婴幼儿从一岁半左右开始学习肢体方面的技巧性动作，这使他们能够以更多方式和外界客体相互作用，也拥有了更多认识自己的能力的机会。

（5）以家庭日常生活的点滴渗透为主，结合游戏练习，持之以恒地培养婴幼儿的良好用餐习惯。

良好用餐习惯的建立不仅关乎个体的身体健康，也是人类文化的重要组成部分，既涉及最基本的餐具操作技巧，又有许多由健康知识引申而来的规定，也有一些社会文化约定俗成的礼仪，但用餐习惯更多地还是一种行为习惯的养成。家长引导婴幼儿掌握相关技能并使其初步约束自身行为是非常有必要且非常重要的。

2. 19~24个月婴幼儿家庭教育的指导目标

（1）家长了解19~24个月婴幼儿认知发展的特点，为婴幼儿开展想象游戏提供环境条件，并有意识地在恰当的时机引导婴幼儿更深入地了解社会知识。

（2）家长重视与婴幼儿的交流，为婴幼儿提供标准规范的语言示范，将对话的主动权交给婴幼儿，在各种语言运用活动中恰当地引导婴幼儿掌握词汇。

（3）家长认识到婴幼儿自我意识发展的表现及重要性，掌握一些应对婴幼儿逆反、发脾气的实用策略，并能在日常生活中引导婴幼儿与他人分享。

（4）家长能借助常见物品和婴幼儿一起练习肢体基本动作和手部精细动作，并根据婴幼儿的特点引入一些有趣的技巧性动作练习游戏。

（5）家长重视对婴幼儿良好用餐习惯的培养，循序渐进地帮助婴幼儿熟练使用餐具，掌握养成良好用餐习惯的正确方法。

二、19~24个月婴幼儿家庭亲子活动游戏的指导方案

19~24个月婴幼儿家庭亲子活动游戏的指导方案包括大动作发展、精细动作发展、智能发展、语言发展、社会性发展和艺术发展家庭亲子活动游戏的指导方案。

1. 大动作发展家庭亲子活动游戏的指导方案

19~24个月婴幼儿大动作发展家庭亲子活动游戏的指导方案包括两个，分别是跑和向下、向上、向前跳。

（1）跑

① 游戏目的

发展婴幼儿一口气向前跑10米的能力。

② 游戏步骤

家长站在距婴幼儿10米远的地方，对婴幼儿说"宝宝，快跑到妈妈这来"，引导婴幼儿双脚短暂同时离地地跑过来，如图5-8所示。

图5-8

③ 游戏重点

婴幼儿能跑步而不失去平衡，双肘屈曲，双臂与双腿运动方向相反，双腿膝关节屈曲约成90°，脚落地的顺序为先脚趾、后脚跟，同一时间只能有一只脚与地面接触。

（2）向下、向上、向前跳

① 游戏目的

A. 发展婴幼儿独自从台阶上向下跳的能力。

B. 发展婴幼儿双脚并拢向上跳的能力。

C. 发展婴幼儿摆动双臂带动身体向前跳的能力。

② 游戏准备

A. 台阶。

B. 泡泡液等逗引玩具。

③ 游戏步骤

A. 向下跳。家长让婴幼儿站在一级台阶上，家长站在婴幼儿对面，对婴幼儿说"宝宝向下跳"，引导婴幼儿独立向下跳，如图5-9所示。家长应时刻准备好保护婴幼儿。

图5-9

B. 向上跳。家长为婴幼儿示范双脚并拢一起向上跳后，对婴幼儿说"宝宝，像妈妈刚才那样跳起来"，引导婴幼儿双脚并拢离地跳起，如图5-10所示。

图5-10

必要时，家长可在婴幼儿头上方20厘米处吹泡泡，逗引婴幼儿双脚并拢跳起，伸直手臂触摸泡泡。

C．向前跳。家长为婴幼儿示范双脚并拢奋力向前跳后，对婴幼儿说"宝宝，像妈妈刚才一样使劲向前跳"，引导婴幼儿双脚并拢奋力向前跳，如图5-11所示，跳完后跳跃的距离（即起跳时的前脚尖与落地时的后脚跟之间的距离）应不小于10厘米。

图5-11

④ 游戏重点

A．向下跳。婴幼儿起跳时双脚并拢，双膝微屈，双臂向后摆动；落地时双脚着地，双膝微屈，双臂向前摆动，身体保持平衡。

B．向上跳。婴幼儿跳起来离地后身体向上伸直，落地时双膝微屈缓冲。

C．向前跳。婴幼儿起跳时，双腿伸直用力蹬地，双臂向前向上伸展；落地时双膝微屈缓冲，双臂向下伸展，双脚在躯干稍前方落地。

2．精细动作发展家庭亲子活动游戏的指导方案

19～24个月婴幼儿精细运动发展家庭亲子活动游戏的指导方案包括两个，分别是6块积木搭高和画5厘米长的竖线。

（1）6块积木搭高

① 游戏目的

发展婴幼儿凭短时记忆搭高6块积木的能力。

② 游戏准备

6块边长为2.5厘米的正方体积木。

③ 游戏步骤

婴幼儿坐在桌边，家长对婴幼儿说"宝宝，看妈妈搭高6块积木"后，示范将6块正方体积木陆续搭高，每块积木的各边对齐，如图5-12所示。保留搭好的6块积木5秒后推倒，把6块正方体积木给婴幼儿，并说"宝宝像妈妈刚才那样搭高6块积木"，引导婴幼儿搭好积木。

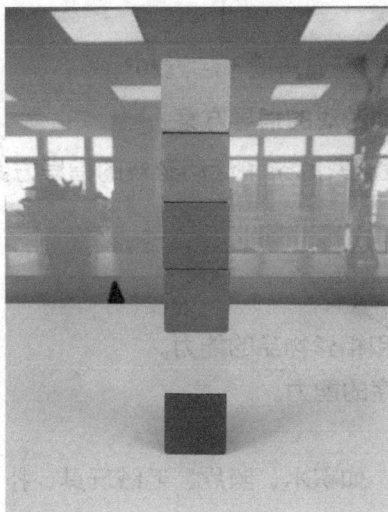

图5-12

④ 游戏拓展

家长通过改变搭高后的积木形态、增加积木的数量和缩短婴幼儿记忆的时间，增大搭高游戏的难度。

（2）画5厘米长的竖线

① 游戏目的

发展婴幼儿画5厘米长的竖线的能力。

② 游戏准备

画笔和纸。

③ 游戏步骤

婴幼儿坐在桌边，家长为婴幼儿示范在一张纸上画2条10厘米长的竖线后，给婴幼儿笔和纸并说"宝宝，像妈妈刚才一样从上往下画竖线"，引导婴幼儿用左右手分别画出5厘米长的竖线，如图5-13所示。

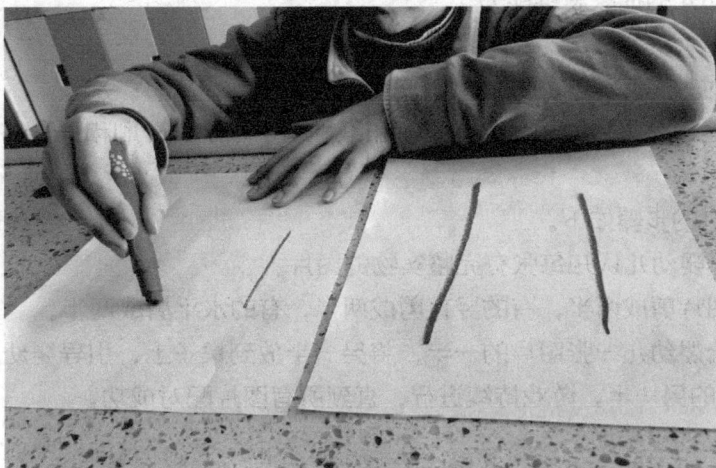

图5-13

④ 游戏重点

婴幼儿画的竖线与垂直线的偏离角度不超过20°。

3. 智能发展家庭亲子活动游戏的指导方案

19～24个月婴幼儿智能发展家庭亲子活动游戏的指导方案包括两个，分别是哪个不一样和配对配套。

（1）哪个不一样

① 游戏目的

A．发展婴幼儿区分相似和相异物品的能力。

B．发展婴幼儿分类和排序的能力。

② 游戏准备

A．各种玩具和生活用品，如积木、照片、毛绒玩具、扑克牌、餐具等。

B．袋子。

③ 游戏步骤

A．家长提前把各种玩具和生活用品分组，3个为一组，要求是同一组中的1个物品要与另外2个不同类，如1把锁、1个布玩偶兔子和1个塑料青蛙玩具是一组，再把同一组物品放在一个袋子里。

B．家长给婴幼儿发袋子，婴幼儿把物品从袋子里拿出来，家长引导婴幼儿从中挑出1个与另外2个不同类的物品，鼓励婴幼儿说出挑选它的原因。

④ 游戏拓展

同一组的3个物品的差别越来越小，如1把铁锁、1块手绢和1个铁勺子，让婴幼儿挑选出其中某个物品的原因变得更抽象。

（2）配对配套

① 游戏目的

A．发展婴幼儿的认知能力。

B．发展婴幼儿的物体成像能力。

C．发展婴幼儿的抽象思维能力。

② 游戏准备

A．图片配对：有完整实物的图片、安全剪刀。

B．物品配套：有关联的物品，如蜡笔和纸、筷子和碗、牙刷和牙膏等。

③ 游戏步骤

A．图片配对的步骤如下。

a．家长引导婴幼儿认知每张有完整实物的图片。

b．家长把图片剪成两半，有的竖直剪成两半，有的水平剪成两半。

c．家长交给婴幼儿一张图片的一半，将另一半放到桌子上，引导婴幼儿为自己手里的一半图片找到它的另一半。游戏持续进行，直到所有图片配对成功。

B．物品配套的步骤如下。

a．家长把有关联的物品分成两堆。

b. 家长把其中一堆物品交给婴幼儿，引导婴幼儿从这堆物品里找出一个物品与家长手里的物品配套，并说出这套物品的用途。游戏持续进行，直到所有物品配套成功。

④ 游戏拓展

A. 家长可以把图片剪成3份，增大图片配对的难度。

B. 家长让婴幼儿配套3个以上的有关联的物品。

4. 语言发展家庭亲子活动游戏的指导方案

19～24个月婴幼儿语言发展家庭亲子活动游戏的指导方案包括两个，分别是吹乒乓球落水和创编儿歌。

（1）吹乒乓球落水

① 游戏目的

A. 发展婴幼儿的口腔动作能力。

B. 发展婴幼儿的语言表达能力。

② 游戏准备

A. 桌子。

B. 乒乓球。

C. 水盆。

D. 粗吸管。

③ 游戏步骤

A. 家长把乒乓球放到桌子上，在桌子一边的地上放一个装有水的水盆。

B. 家长示范用粗吸管把桌上的乒乓球吹到桌边，当乒乓球掉到水盆里时，引导婴幼儿大声模仿乒乓球掉入水盆的声音并说"扑通、扑通、扑通，乒乓球落水了"。

C. 家长引导婴幼儿用粗吸管把桌上的乒乓球吹入水盆，当乒乓球落水时，婴幼儿说："扑通、扑通、扑通，乒乓球落水了。"

④ 游戏拓展

待婴幼儿熟练掌握游戏方法后，家长把粗吸管换成细吸管，增大游戏难度。

（2）创编儿歌

① 游戏目的

A. 发展婴幼儿的语言概括能力。

B. 发展婴幼儿的语言表达能力。

② 游戏准备

儿歌。

③ 游戏步骤

A. 家长引导婴幼儿一起唱儿歌："今天真快乐，大家来唱歌，大家来跳舞。小棕熊有好多朋友，有小粉猪和小花猫，还有小白兔和小黑马。"

B. 家长和婴幼儿一起讨论儿歌里面都有谁，他们在做什么，引导婴幼儿回忆儿歌内容，回答问题。

C．待婴幼儿熟悉儿歌后，家长引导婴幼儿自己创编儿歌，如"今天真高兴，大家来做操，大家来喝水。宝宝有很多好朋友，有比比和小熙，还有童童和阿新"等。

D．家长带婴幼儿买水果的时候，教婴幼儿念"今年的枣大丰收"，鼓励婴幼儿顺着这个思路说下去，如"今年的橘子大丰收""今年的苹果大丰收"等。

④ 游戏拓展

家长可以在任何时候以创编儿歌与婴幼儿交流，让婴幼儿熟悉这种游戏方式，鼓励婴幼儿创编儿歌。当婴幼儿创编的儿歌不符合家长的要求时，家长千万不要打断和指责婴幼儿，而要鼓励他们用自己的方式创编儿歌。

5. 社会性发展家庭亲子活动游戏的指导方案

19～24个月婴幼儿社会性发展家庭亲子活动游戏的指导方案包括两个，分别是红灯停、绿灯行和什么没了。

（1）红灯停、绿灯行

① 游戏目的

A．发展婴幼儿的因果推理能力。

B．发展婴幼儿了解社会规则的能力。

C．发展婴幼儿的平衡能力与协调性。

② 游戏准备

A．胶带。

B．红灯、绿灯指示牌。

③ 游戏步骤

A．家长在一侧地板上贴一条胶带，在另一侧地板上贴另一条胶带，两条胶带平行，间隔不小于2米。

B．家长引导婴幼儿站到第一条胶带的后面，家长站到另一条胶带的后面。

C．家长向婴幼儿解释游戏规则："宝宝，我们来玩一个红灯停、绿灯行的游戏。我现在是交通警察，当我说'绿灯'时，你往我这边走，当我说'红灯'时，你要立刻停下来不准动。"

D．家长引导婴幼儿重复一遍游戏规则，确定婴幼儿了解游戏规则后，开始游戏。

④ 游戏拓展

A．家长请婴幼儿来当交通警察。

B．家长只用红灯、绿灯指示牌，不发出语言口令。

（2）什么没了

① 游戏目的

A．发展婴幼儿的认知思维能力。

B．发展婴幼儿的语言能力。

C．发展婴幼儿的记忆能力。

D．发展婴幼儿的问题解决能力。

② 游戏准备

A．6个物品，如1个玩具、1块饼干、1本书、1双袜子、1个小勺和1块橡皮。

B．一块能盖住所有物品的、不透明的布。

③ 游戏步骤

A．家长把6个物品放在婴幼儿面前，引导婴幼儿认知每个物品，并鼓励婴幼儿大声地说出每个物品的名称。

B．家长用布把所有物品都盖上，重复一遍所有物品的名称，在不让婴幼儿发现的情况下，把其中一个物品拿走。

C．家长掀开布，引导婴幼儿说出剩下物品的名称，并问婴幼儿"什么没了"，引导婴幼儿用语言回答。

D．家长重复步骤A和步骤B，再拿走一个物品。

④ 游戏拓展

A．家长使用超过6个物品开展游戏。

B．家长跳过游戏步骤B中"重复一遍所有物品的名称"的环节，一次拿走超过2个物品。

6．艺术发展家庭亲子活动游戏的指导方案

19～24个月婴幼儿艺术发展家庭亲子活动游戏的指导方案包括两个，分别是滚球作画和小鸡出壳。

（1）滚球作画

① 游戏目的

A．发展婴幼儿手指、手腕的灵活性和手部的控制能力。

B．发展婴幼儿的色彩感知能力。

C．发展婴幼儿的创造力和想象力。

D．发展婴幼儿的艺术赏析能力。

② 游戏准备

A．材质、大小不同的各种球，如乒乓球、弹力球、玻璃球。

B．装有红、黄、蓝三色颜料的调色盘。

C．水粉纸。

D．一次性塑料薄手套。

E．婴幼儿画衣。

③ 游戏准备

A．家长指导婴幼儿穿好画衣，双手带好一次性塑料薄手套，让婴幼儿把自己喜欢的球放进喜欢的颜料里，滚动球以让球面蘸满颜料。

B．婴幼儿把蘸满颜料的球在水粉纸上滚动，在画面上创造出粗细、颜色不同的各种线条，使线条交织在一起，形成独一无二的图案。

C．家长组织其他家庭成员一起参与这个游戏，引导婴幼儿欣赏每个家庭成员通过滚动球创作出的自由的、多变的、丰富的线条组合，如图5-14所示。

图5-14

④ 游戏拓展

家长把一次性塑料薄手套换成夹子或筷子以增大游戏的难度。

（2）小鸡出壳

① 游戏目的

A. 发展婴幼儿随着歌曲唱出歌词的能力。

B. 发展婴幼儿随着歌曲做出准确的动作的能力。

C. 发展婴幼儿的语言能力。

D. 发展婴幼儿的思维能力。

② 游戏准备

歌曲《小鸡出壳》的乐谱，如图5-15所示。

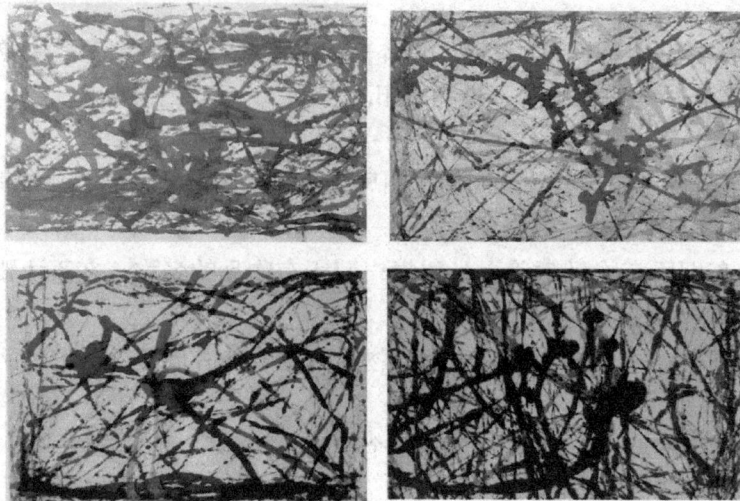

小鸡出壳

1=C 2/4

1 3| 1 3| 2 2 2 3| 1 — | 1 1 1 3| 2 — |
小 鸡 小 鸡 出 壳 就 会 叫，　　　　叽 叽 叽 叽 叽，

1 1| 1 3| 2 — | 1 3| 1 3| 2 2 2 3| 1 — |
叽 叽 叽 叽 叽，　　小 鸡 小 鸡 出 壳 就 会 跳，

1 1| 1 3| 1 — | 2 2 2 3| 1 — ‖
跳 跳 跳 跳 跳，　　跳 跳 跳 跳 跳。

图5-15

③ 游戏步骤

A. 家长让婴幼儿熟悉歌曲后，鼓励婴幼儿唱出歌词。

B. 家长和婴幼儿一起唱，唱到"叽叽叽"时将两根手指捏起来模仿小鸡的尖尖的嘴，唱到"跳跳跳"的时候引导婴幼儿跳一跳。

④ 游戏拓展

家长鼓励婴幼儿改编歌词，如将歌词中的"小鸡"换成"小狗"，将"叽叽叽"换成"汪汪汪"，将"跳跳跳"换成"跑跑跑"等。

课后练习题

1. 简述13～24个月婴幼儿家庭教育的重点和指导目标。
2. 创编13～24个月婴幼儿大动作发展家庭亲子活动游戏的指导方案。
3. 创编13～24个月婴幼儿精细动作发展家庭亲子活动游戏的指导方案。
4. 创编13～24个月婴幼儿智能发展家庭亲子活动游戏的指导方案。
5. 创编13～24个月婴幼儿语言发展家庭亲子活动游戏的指导方案。
6. 创编13～24个月婴幼儿社会性发展家庭亲子活动游戏的指导方案。
7. 创编13～24个月婴幼儿艺术发展家庭亲子活动游戏的指导方案。

第六章

2～3岁婴幼儿家庭
亲子活动游戏指导

本章学习目标

1. 掌握25～30个月婴幼儿家庭教育的重点和指导目标。
2. 学会运用25～30个月婴幼儿家庭亲子活动游戏的指导方案。
3. 掌握31～36个月婴幼儿家庭教育的重点和指导目标。
4. 学会运用31～36个月婴幼儿家庭亲子活动游戏的指导方案。

2～3岁是婴幼儿心理发展上的一个比较重要的转折期，心理学家称这一时期为人生"第一反抗期"，因此不少家长感到2～3岁的婴幼儿不听话、不服管、脾气大。家长要根据这一年龄阶段婴幼儿的身心发展特点实施正确的教育，这样婴幼儿家庭教育才能成功。

第一节　25～30个月婴幼儿家庭亲子活动游戏指导

一、25～30个月婴幼儿家庭教育的重点和指导目标

下面将介绍25～30个月婴幼儿家庭教育的重点和指导目标，帮助家长更好地开展家庭亲子活动。

1. 25～30个月婴幼儿家庭教育的重点

25～30个月婴幼儿家庭教育的重点主要包括以下4个方面。

（1）通过游戏活动，让婴幼儿了解数概念并发展其表征能力及记忆力，使婴幼儿在感知、使用符号的过程中体验到乐趣。

婴幼儿前运算阶段思维的特点突出体现在符号的运用、数概念的了解和表征能力的发展上，如分类、排序、数量感知、基本形状的掌握及符号替代。婴幼儿思维的逐步抽象化是实现思维发展从操作实物到完全符号化的过程。在婴幼儿2岁以后，其表征能力的发展提高了记忆的容量，婴幼儿识记无意义符号的能力增强，这对婴幼儿认识外界及进行社会交往活动非常重要。家长要意识到婴幼儿思维的抽象化离不开对实物或表象的反复操作，培养婴幼儿使用符号的兴趣很有必要。

（2）通过自我约束的游戏活动，培养婴幼儿的自我效能感；在与同伴交往的实践中帮助婴幼儿掌握有效的交往策略。

婴幼儿自我意识的发展一方面表现为行为向外扩张，即通过各种方式试探行为的界限；另一方面表现为行为的自我约束，婴幼儿在行为扩张的过程中不断反思，与社会规则发生碰撞，最终学会自我约束，成为一个被社会接受的人。2岁以后，婴幼儿约束自我的能力增强，他们能与更多的人友好相处。虽然在2岁以前,婴幼儿也对同龄人有模糊的认知，

会尝试与他们交往，但真正对同龄人本身产生兴趣并渴望与其交往还是在2岁以后。这个时期是帮助婴幼儿掌握同伴交往策略的大好时机，在交往内在动机的驱使下，放弃自我利益，接受交往规则对婴幼儿来说不再是外在约束，而是自愿行为。

（3）扩充婴幼儿能运用的词汇量，鼓励他们用完整的简单句或复合句进行交流；丰富婴幼儿的语言学习活动，使他们在理解和运用语言的过程中感受语言的魅力。

语言是人类符号系统中最抽象的符号，婴幼儿认知的抽象化使其可以掌握更多的词汇，尤其是抽象词汇，而抽象词汇的运用又促进婴幼儿理解句法结构。个体完整地表达想法、意愿是语言能力发展的里程碑。婴幼儿在学习和运用各种语言材料的过程中会逐渐领会语义与句子结构的搭配方法。家长需要为婴幼儿提供丰富、适宜的语言材料，使他感受语言的结构美、简洁美，增加婴幼儿对语言使用的兴趣。

（4）拓展婴幼儿肢体动作的合作与技巧性，在工具使用中促进手部动作的精细化、成熟化。

身体的平衡性和肌肉力量的发展使2岁婴幼儿能够快速掌握全身性的技巧性动作，生活空间的扩大及可操作物品的增加为婴幼儿的技巧性动作技能的习得提供了练习的机会。

2．25～30个月婴幼儿家庭教育的指导目标

（1）家长了解婴幼儿前运算阶段思维发展的主要特点，在游戏和生活环节正确引导婴幼儿掌握数概念，发展其表征能力和记忆力，根据婴幼儿的认知发展水平调整活动内容与要求。

（2）家长根据婴幼儿的个性特征引导婴幼儿学习自我规范，并在社会交往中教授婴幼儿简单实用的交往技能。

（3）家长在与婴幼儿的语言交往中多使用简单的完整句，引导婴幼儿注意多运用虚词，继续在日常生活中丰富婴幼儿的词汇量，提供丰富、有趣的语言材料，与婴幼儿一起享受使用语言的乐趣。

（4）家长在婴幼儿综合技巧性动作的练习中加强对婴幼儿的保护，逐步培养婴幼儿的自我保护意识，借助常见物品引导婴幼儿掌握全身性的技巧性动作。

二、25～30个月婴幼儿家庭亲子活动游戏的指导方案

25～30个月婴幼儿家庭亲子活动游戏的指导方案包括大动作发展、精细动作发展、智能发展、语言发展、社会性发展和艺术发展家庭亲子活动游戏的指导方案。

1．大动作发展家庭亲子活动游戏的指导方案

25～30个月婴幼儿大动作发展家庭亲子活动游戏的指导方案包括两个，分别是夹物连续跳和双脚走直线。

（1）夹物连续跳

① 游戏目的

A．发展婴幼儿用小腿夹物连续跳的能力。

B．发展婴幼儿的运动耐力。

② 游戏准备

直径为8厘米的充棉皮球。

③ 游戏步骤

A．家长为婴幼儿示范用小腿夹物连续跳，如图6-1所示。

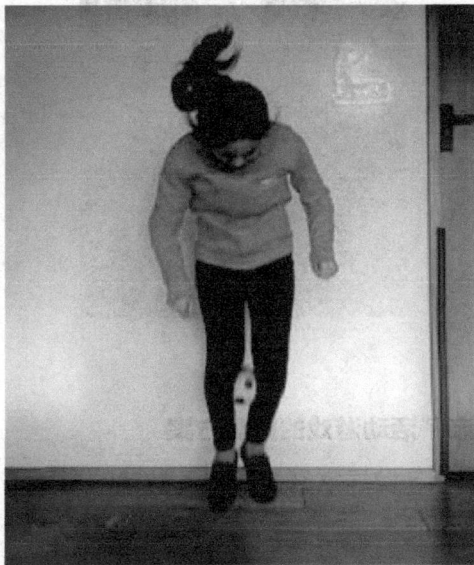

图6-1

B．家长引导婴幼儿掌握小腿夹物连续跳的技能，提醒婴幼儿在跳跃时夹紧小腿，不要让球掉下来。

C．家长组织其他家庭成员参与夹物连续跳比赛，看谁一次性跳得最多。

④ 游戏拓展

家长随着婴幼儿能力的提升，逐渐加大运动的强度和难度，如小腿夹物向前跳、大腿和小腿同时夹物跳等，经常与婴幼儿开展此项游戏，使其能够更加熟练地掌握此项大动作技能。

（2）双脚走直线

① 游戏目的

发展婴幼儿双手叉腰、双脚踩着线段向前走的能力。

② 游戏准备

在地上贴一个长为1米，宽为10厘米的框线。

③ 游戏步骤

家长为婴幼儿示范，双手叉腰，脚跟不碰到脚尖，双脚踩在线上向前走，对婴幼儿说"宝宝，像妈妈刚才一样，把双手放在腰上，双脚踩着线向前走"，引导婴幼儿完成该动作，如图6-2所示。

④ 游戏重点

婴幼儿双脚踩着线向前走时，一只脚的脚跟不碰到另一只脚的脚尖。

图6-2

2. 精细动作发展家庭亲子活动游戏的指导方案

25～30个月婴幼儿精细运动发展家庭亲子活动游戏的指导方案包括两个，分别是丝巾打结和剪刀剪纸。

（1）丝巾打结

① 游戏目的

A. 发展婴幼儿的精细动作能力。

B. 发展婴幼儿的数量感知能力。

C. 发展婴幼儿的竞技能力。

② 游戏准备

丝巾。

③ 游戏步骤

A. 家长为婴幼儿演示用丝巾打结。

B. 家长指导婴幼儿熟练掌握用丝巾打结的方法。

C. 婴幼儿熟练掌握用丝巾打结的方法后，家长组织打结比赛，看谁最先在一条丝巾上打10个结。

④ 游戏拓展

家长播放节奏紧凑的音乐，组织婴幼儿与其他家庭成员在音乐结束前尽量多地在一条丝巾上打结，音乐结束时，看谁的丝巾上的结数量最多。

（2）剪刀剪纸

① 游戏目的

发展婴幼儿使用安全剪刀剪纸的能力。

② 游戏准备

A. 安全剪刀。

B. 纸。

③ 游戏步骤

家长为婴幼儿示范，将大拇指和食指分别伸进一个剪刀洞里，通过大拇指和食指的开合带动安全剪刀的开合，然后用安全剪刀在一张纸的边缘剪开3个直线缺口后，将安全剪刀和纸递给婴幼儿并说"宝宝，像妈妈刚才一样用安全剪刀剪纸"，引导婴幼儿用左右手完成该动作，剪纸动作如图6-3所示。

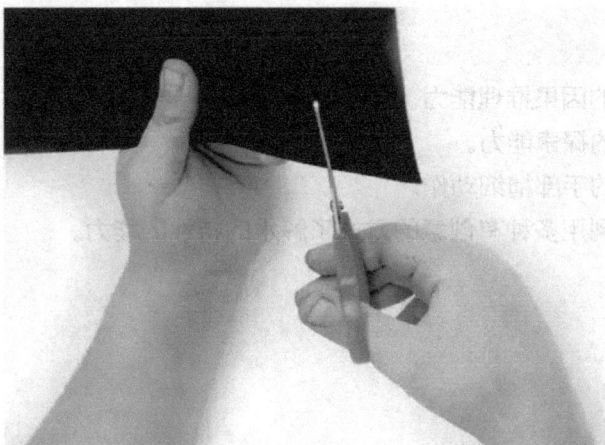

图6-3

④ 游戏重点

婴幼儿能用安全剪刀在纸上剪出直线缺口。

⑤ 游戏拓展

家长引导婴幼儿用安全剪刀在纸上剪出波纹线缺口。

3. 智能发展家庭亲子活动游戏的指导方案

25～30个月婴幼儿智能发展家庭亲子活动游戏的指导方案包括两个，分别是笔帽说话和水冰水。

（1）笔帽说话

① 游戏目的

A. 发展婴幼儿的精细动作能力。

B. 提高婴幼儿的智力水平。

② 游戏准备

笔帽10个。

③ 游戏步骤

A. 家长引导婴幼儿在每个手指头上带上笔帽并坐在桌边的凳子上。

B. 家长告知婴幼儿用笔帽"说"话，不要用嘴巴"说"话。

a. 说"你好"时用带着笔帽的10根手指一起敲桌面3下。

b. 说"谢谢"时用左手带着笔帽的5根手指敲桌面3下。

c. 说"再见"时用右手带着笔帽的食指和中指一起敲桌面2下。

C. 家长引导婴幼儿熟悉用笔帽"说"话后，对婴幼儿提问，让婴幼儿用笔帽"回答"问题，不能用嘴巴回答问题，如询问婴幼儿"小朋友见面时，我们说什么？"（笔帽语"你好"）"别人给我们帮忙后，我们要说什么？"（笔帽语"谢谢"）"周末晚上我们要从奶奶家回家时，要和爷爷奶奶说什么？"（笔帽语"再见"）

④ 游戏拓展

家长引导婴幼儿自主创编更多笔帽语。

（2）水冰水

① 游戏目的

A. 发展婴幼儿的因果推理能力。

B. 发展婴幼儿的探索能力。

C. 发展婴幼儿的手部精细动作。

D. 发展婴幼儿利用多种有创意的方式了解水的特性的能力。

② 游戏准备

A. 冰格。

B. 小塑料玩偶。

C. 冰箱。

D. 水盆。

③ 游戏步骤

A. 第一天，家长带着婴幼儿把小塑料玩偶放进冰格里，在冰格中加水，放入冰箱冷冻柜中冻成冰块，让婴幼儿了解水变成冰的现象。

B. 第二天，家长在水盆里放入温水，把冰格中的冰块放入水中。家长引导婴幼儿在水盆中探索冰块的特性，帮助他了解冰化后会发生什么。

④ 游戏拓展

家长引导婴幼儿用牛奶盒来制作更大的冰块，同时在牛奶盒中放入更大、更多的塑料玩偶，还可以用食用色素将水染上颜色以增加游戏的乐趣。

⑤ 游戏注意

在游戏中，家长要注意保持水温适中，在加入冰块水温降低后，需加入更多的温水，防止婴幼儿冻伤。

4. 语言发展家庭亲子活动游戏的指导方案

25～30个月婴幼儿语言发展家庭亲子活动游戏的指导方案包括两个，分别是布里是什么和找同与异。

（1）布里是什么

① 游戏目的

A. 发展婴幼儿的语言表达能力。

B. 发展婴幼儿的认知思维能力。

C. 发展婴幼儿的推理能力。

D. 发展婴幼儿的心理意象能力。

E. 发展婴幼儿的问题解决能力。

② 游戏准备

A．各种各样的物品，如毛绒玩具、绘本、拼图、水杯等。

B．一块能包住物品的、不透明的布。

③ 游戏步骤

A．家长用布把婴幼儿熟悉的一个物品包好。

B．家长把用布包好的物品拿到婴幼儿面前，稍微露出一点里面的物品，引导婴幼儿用语言说出布里是什么物品。如果婴幼儿没猜对，家长再露出一点布里的物品，直到婴幼儿猜对为止。

④ 游戏拓展

家长用图片替代实物开展这个游戏。

（2）找同与异

① 游戏目的

A．发展婴幼儿的语言表达能力。

B．发展婴幼儿的认知思维能力。

C．发展婴幼儿的分类能力。

D．增强婴幼儿的自我意识。

② 游戏准备

多组外表相似但实际上不同的物品的图片，如猫与老虎的图片、两栋外形不同的房子图片等。

③ 游戏步骤

A．家长拿出两张相似的人、动物、房子或其他物品的图片，问婴幼儿这两张图片上是什么，引导婴幼儿用语言说出两种相似物品的共用名称。

B．家长引导婴幼儿仔细观察两张相似的图片后，问婴幼儿这两张图片哪里相同、哪里不同，引导婴幼儿用语言说出它们的相同之处和不同之处。必要时，家长可以给婴幼儿提供一些线索。

④ 游戏拓展

家长引导婴幼儿发现自己与其他同龄小朋友的相同与不同之处，引导婴幼儿认识自己有哪些与众不同的地方。

5．社会性发展家庭亲子活动游戏的指导方案

25～30个月婴幼儿社会性发展家庭亲子活动游戏的指导方案包括两个，分别是模仿家和故事排序。

（1）模仿家

① 游戏目的

A．发展婴幼儿的大动作能力。

B．发展婴幼儿的精细动作能力。

C．发展婴幼儿的因果推理能力。

D．发展婴幼儿的社交互动能力。

② 游戏步骤

A. 家长把婴幼儿带进游戏室，让他坐在地板上。

B. 家长在婴幼儿旁边坐下来，模仿他的姿势。

C. 每次婴幼儿做出动作的时候，家长马上模仿他。

D. 家长观察婴幼儿，看他什么时候能注意到家长在模仿他。

E. 家长引导婴幼儿模仿家长的动作，比如家长拍手3次，鼓励婴幼儿模仿。

③ 游戏拓展

家长还可以再加上肢体动作，引导婴幼儿模仿家长。家长还鼓励婴幼儿做动作，家长模仿婴幼儿。

（2）故事排序

① 游戏目的

A. 发展婴幼儿的因果推理能力。

B. 发展婴幼儿的归纳能力。

C. 发展婴幼儿的排序能力。

② 游戏准备

卡片中故事发生的顺序如图6-4所示。

图6-4

③ 游戏步骤

A. 家长随机出示卡片给婴幼儿看。

B. 家长告诉婴幼儿发生了什么故事，问婴幼儿："最先发生了什么，是哪张卡片？"家长引导婴幼儿挑出故事开始时对应的卡片，接着找下一张卡片，直到全部卡片都按顺序排好。

C. 如果婴幼儿找卡片有困难，家长应先用3张卡片开展游戏，并为婴幼儿提供更多的线索。

④ 游戏拓展

家长找一本婴幼儿喜爱的绘本，复印第一页的内容、中间两页的内容和结尾的内容，引导婴幼儿按顺序把它们排好，并用自己的语言把绘本中的故事讲清楚。

6. 艺术发展家庭亲子活动游戏的指导方案

25～30个月婴幼儿艺术发展家庭亲子活动游戏的指导方案包括两个，分别是海绵棒星空画和下雨啦。

（1）海绵棒星空画

① 游戏目的

A. 发展婴幼儿手指、手腕的灵活性和手部的控制能力。

B. 发展婴幼儿的色彩感知能力。

C. 发展婴幼儿的创造力和想象力。

D. 发展婴幼儿的艺术赏析能力。

E. 发展婴幼儿自信表达对美的感知、认识与理解的能力。

② 游戏准备

A. 深/浅蓝色的颜料和调色盘。

B. 海绵棒，如图6-5所示。

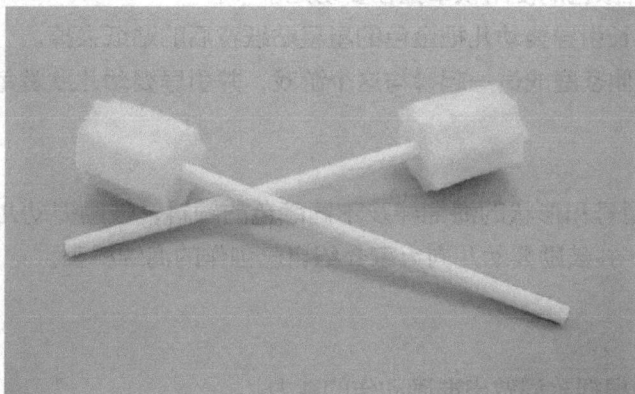

图6-5

C. 水粉纸。

D. 金色即时贴纸。

E. 星星形状的压花机。

F. 婴幼儿画衣。

G. 理查德·克莱德曼的钢琴曲《星空》。

③ 游戏步骤

A. 家长用压花机和金色即时贴纸压出金色的星星贴纸。

B. 家长为婴幼儿介绍海绵棒、深/浅蓝色和理查德·克莱德曼的钢琴曲《星空》。

C. 家长为婴幼儿演示，用两个海绵棒分别蘸上深蓝色和浅蓝色的颜料，在水粉纸上印上深浅不同的图案后，再把金色的星星贴纸贴在水粉纸上，效果如图6-6所示。

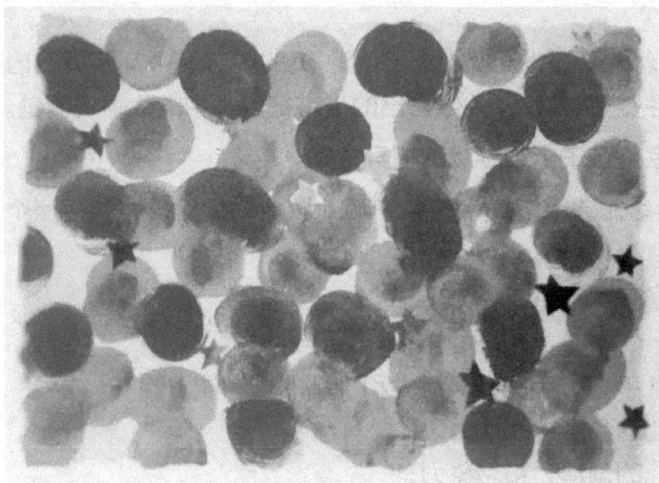

图6-6

D．婴幼儿穿好画衣后，家长引导婴幼儿用两个海绵棒分别蘸上深浅不同的蓝色颜料，在水粉纸上印图案时旋转海绵棒，印出旋转的效果，提示婴幼儿在印图案时要均匀地印，不要挤在一处印；提示婴幼儿先印深蓝色，再印浅蓝色，这样画面会更有层次感，但不做强硬要求，保证颜色的使用权掌握在婴幼儿手中。

E．印好后，家长引导婴幼儿把金色的星星贴纸背后的贴纸去掉。

F．家长组织其他家庭成员一起参与这个游戏，并引导婴幼儿欣赏每个家庭成员创作的海绵棒星空画。

④ 游戏拓展

家长提供不同型号和形状的海绵棒及不同颜色的颜料，鼓励婴幼儿充分发挥想象力，自由创作海绵棒画，并鼓励婴幼儿向大家介绍自己创作的海绵棒画。

（2）下雨啦

① 游戏目的

A．发展婴幼儿根据歌词做出准确动作的能力。

B．发展婴幼儿模仿下雨的声音的能力。

C．发展婴幼儿的音色感知能力。

② 游戏准备

A．各种乐器，如铃鼓、三角铁、双响筒等。

B．歌曲《下雨啦》的乐谱如图6-7所示。

下雨啦

1=F 4/4

3 3 2 2 1 0 | 3 3 2 2 1 0 | 3 3 2 2 3 3 2 2 |
雨 水 落 下 来，　　雨 水 落 下 来，　　嘀 嗒 嘀 嗒 嘀 嗒 嘀 嗒，

3 3 2 2 1 0 ‖
雨 水 落 下 来。

图6-7

③ 游戏步骤

A. 家长让婴幼儿熟悉歌曲后，在"嘀嗒嘀嗒嘀嗒嘀嗒"时，和婴幼儿一起用一种乐器有节奏地模仿下雨的声音。

B. 家长引导婴幼儿用乐器模仿下大雨和下小雨的声音。

④ 游戏拓展

A. 待婴幼儿熟悉乐曲后，家长再引导婴幼儿熟悉铃鼓、三角铁、双响筒这3种乐器的音色。家长在婴幼儿看不到的地方用某一种乐器模仿下雨声，让婴幼儿猜一猜用了什么乐器。

B. 家长带着婴幼儿在雨天听下雨的声音，感受大自然的原始音色。

第二节　31～36个月婴幼儿家庭亲子活动游戏指导

一、31～36个月婴幼儿家庭教育的重点和指导目标

下面将介绍31～36个月婴幼儿家庭教育的重点和指导目标，帮助家长更好地开展家庭亲子活动。

1. 31～36个月婴幼儿家庭教育的重点

31～36个月婴幼儿家庭教育的重点主要包括以下4个方面。

（1）培养婴幼儿敏锐的观察力，加强其对规则和符号的理解，使其了解更多关于自身与常见事物的属性。

观察是一种综合的思维能力，是建立在感知基础上的对他人、他物的间接反映，是大脑处理信息的结果。观察作为一种间接学习方式，在个体的成长过程中发挥着重要作用。良好的观察习惯与敏锐的观察力会使个体有良好的学习效果。这个阶段的婴幼儿已经发展出观察所需的基本感知力，随着对符号理解的深化，婴幼儿能够借助观察了解更多的自然知识与社会规则。

（2）增强婴幼儿调控自我情绪的能力，加深其与同伴的交往，培养婴幼儿的性别意识。

随着婴幼儿自我约束能力、语言以及理解他人能力的增强，两岁半婴幼儿的情绪调控能力成为其情绪发展的亮点之一。情绪调控能力的强弱是情绪情感发展成熟与否的重要指标。这个阶段的婴幼儿在学习情绪调控的过程中加强了自我认知，更加深刻地体会到控制自我情绪在社会交往中的重要性，并掌握了更多与同伴交往的策略。这个阶段迅速培养起来的性别意识对婴幼儿的个性萌芽和自我意识的发展至关重要。

（3）继续增强婴幼儿使用语言的兴趣和能力，尤其是用语言自主表达意愿的能力，增加婴幼儿掌握词汇的数量与种类。

语言作为交流与思维的工具，因使用者语言水平的高低而有所差别。在经历了语言准备期、单词句、双词句和完整句的发展后，语言的工具性价值在这个阶段的婴幼儿的生活中越发突出，这一价值的扩大化表现在婴幼儿借助语言认识事物和协调人际关系上。这一过程需要相当大的词汇量作为支撑。培养婴幼儿自主自愿地运用语言和扩充词汇量既是婴

幼儿自身语言发展的需要，也是婴幼儿整合发展的体现。

（4）培养婴幼儿协调稳定的肢体大动作和手指配合能力以及灵活性，加强肢体动作的应变能力并实现手部动作的复杂化与精细化。

稳定的行动、手部具备基本的工具使用能力和自我服务能力是个体独立生活的前提。在独立进入集体生活环境——幼儿园之前，婴幼儿需要在动作发展领域实现这些能力的习得。两岁半之前，婴幼儿完成了基本动作与个别技巧性动作的学习，掌握了大多数基本生活所需的动手能力，但集体生活对个体提出了更高的要求，它要求婴幼儿能借助基本动作与动手能力进行安全有效的生活和学习。

2. 31～36个月婴幼儿家庭教育的指导目标

（1）家长了解良好的观察习惯与敏锐的观察力对婴幼儿成长发展的重要性，能够在游戏与生活中有意识地引导婴幼儿进行观察，使其在观察中掌握相关事物的属性。

（2）家长以身作则，在日常生活中为婴幼儿树立情绪自控的榜样，并掌握一些具体的方法帮助婴幼儿调控情绪；在与婴幼儿互动的过程中注意让婴幼儿了解自己的性别，包括婴幼儿的性别是什么、不同性别穿着的差别等。

（3）家长鼓励婴幼儿运用语言交流与表达，采用自然有效的方法帮助婴幼儿增加认识的词汇数量和种类。

（4）家长重视对婴幼儿技巧性动作的培养，利用各种安全、有利的条件与物品为婴幼儿的动作发展提供环境。

二、31～36个月婴幼儿家庭亲子活动游戏的指导方案

31～36个月婴幼儿家庭亲子活动游戏的指导方案包括大动作发展、精细动作发展、智能发展、语言发展、社会性发展和艺术发展家庭亲子活动游戏的指导方案。

1. 大动作发展家庭亲子活动游戏的指导方案

31～36个月婴幼儿大动作发展家庭亲子活动游戏的指导方案包括两个，分别是蹲跳和独立走上楼梯。

（1）蹲跳

① 游戏目的

A. 发展婴幼儿的蹲跳能力。

B. 发展婴幼儿的运动耐力。

② 游戏准备

A. 足够大且空的安全场地。

B. 节奏欢快、有跳跃性的轻音乐。

③ 游戏步骤

A. 家长带领婴幼儿做好热身运动。

B. 家长示范蹲跳动作，蹲稳后连续向前跳。

C. 家长为婴幼儿介绍游戏规则："宝宝，我们现在准备跟着音乐蹲跳，蹲下来，向

前跳。如果你碰到人或东西了，请挪开一点。好，我们一起听着音乐，跟着节奏跳。"

D．家长组织其他家庭成员参与蹲跳比赛，看谁最快蹲跳到终点，比赛距离为3米。

④ 游戏拓展

家长鼓励婴幼儿与同伴比赛蹲跳，采用多种形式蹲跳，如双手做小兔子手势蹲跳、双手向前做青蛙状蹲跳等。双手做小兔子手势蹲跳的动作如图6-8所示。

图6-8

（2）独立走上楼梯

① 游戏目的

发展婴幼儿独立走上楼梯的能力。

② 游戏准备

A．小汽车、娃娃等逗引玩具。

B．楼梯。

③ 游戏步骤

家长让婴幼儿站在楼梯下，将逗引玩具放到第六级台阶上，对婴幼儿说"宝宝，不扶着扶手，自己走上去拿玩具"，引导婴幼儿不扶扶手并把一只或两只脚踩在每级台阶上，然后在每级台阶上踩一只脚，并且脚以上的身体保持平衡，如图6-9所示。家长在婴幼儿身后时刻留心其安全。

图6-9

④ 游戏拓展

家长引导婴幼儿独立搬物上楼梯。

2. 精细动作发展家庭亲子活动游戏的指导方案

31～36个月婴幼儿精细动作发展家庭亲子活动游戏的指导方案包括两个，分别是击中小丑和穿6颗珠子。

（1）击中小丑

① 游戏目的

A. 发展婴幼儿的面部识别能力。

B. 发展婴幼儿的精细动作能力。

C. 发展婴幼儿的手眼协调能力。

D. 发展婴幼儿的大动作能力。

E. 发展婴幼儿的空间感知能力。

② 游戏准备

A. 大纸箱。

B. 蜡笔和彩色纸张。

C. 安全剪刀。

D. 小丑的图片，如图6-10所示。

E. 沙包。

图6-10

③ 游戏步骤

A. 家长照着小丑的图片，用蜡笔在彩色纸张上画出圆圆的大眼睛、嘴巴、头发、鼻子、红脸颊，并用安全剪刀剪下来。

B. 家长在大纸箱上画一个小丑的轮廓。

C. 家长向婴幼儿展示小丑的图片，引导婴幼儿按照图片中小丑的样子把大眼睛、嘴巴、头发、鼻子、红脸颊贴到大纸箱上的小丑脸上。

D. 家长把大纸箱放在墙边，小丑的脸朝向婴幼儿，婴幼儿站在距小丑的脸1.5米的地方。

E. 家长示范用沙包击中小丑的嘴巴，引导婴幼儿用沙包击中小丑的嘴巴。

④ 游戏拓展

A. 家长把沙包换成较轻的袜子球。

B. 家长根据击中部位的难度计分，难度越大分越高，组织其他家庭成员参与比赛，得分最高者获胜。

（2）穿6颗珠子

① 游戏目的

发展婴幼儿将6颗珠子穿在鞋带上的能力。

② 游戏准备

A. 边长为2厘米的方形珠子8颗。

B. 鞋带。

③ 游戏步骤

家长为婴幼儿示范把2颗方形珠子穿进鞋带里，一只手拿起1颗方形珠子，转动珠子，将珠子上的洞展示给婴幼儿看，另一只手拿着鞋带从前往后穿过珠子洞，把珠子拉到鞋带中间；用同样的方法穿起第二颗方形珠子后，把鞋带和剩下的6颗方形珠子递给婴幼儿说"宝宝，像妈妈刚才那样做，把剩下的6颗方形珠子穿进鞋带"，引导婴幼儿把6颗方形珠子穿进鞋带，如图6-11所示。

图6-11

④ 游戏拓展

家长把方形珠子换成较轻、较小的塑料珠子。

3. 智能发展家庭亲子活动游戏的指导方案

31～36个月婴幼儿智能发展家庭亲子活动游戏的指导方案包括两个，分别是纸条拔河和传悄悄话。

（1）纸条拔河

① 游戏目的

A. 发展婴幼儿的认知思维能力。

B. 发展婴幼儿的手部精细动作能力。

C. 发展婴幼儿的问题解决能力。

D. 发展婴幼儿的感官感知能力。

② 游戏准备

不同质地的纸。

③ 游戏步骤

A. 刚开始时，婴幼儿不能较好地控制力度，家长先提供不易撕破的、较硬的纸，把它们裁成尺寸一样的长方形纸条。

B. 两位家长示范，每位家长分别用食指和中指夹住纸条的一端，各自往自己的方向用力地拽，纸条从手指间被抽出来的那方失败。

C. 家长引导婴幼儿参与游戏，一开始尽量让婴幼儿赢，逐渐增大游戏的难度。

④ 游戏拓展

待婴幼儿能控制力度后，家长为其提供不同质地的纸，让婴幼儿充分感知不同质地的纸的软硬度和耐用度。

（2）传悄悄话

① 游戏目的

A. 发展婴幼儿的语言表达能力。

B. 让婴幼儿明白说话时发音不清楚会使人误解。

② 游戏准备

祖孙三代共同参与游戏。

③ 游戏步骤

A. 妈妈在婴幼儿耳边讲一句话，待婴幼儿听懂之后，让他把这句话悄悄地告诉爸爸。

B. 婴幼儿会高兴地趴到爸爸耳边把话传给爸爸，然后爸爸悄悄地把话告诉爷爷，爷爷悄悄地告诉奶奶，奶奶最后大声讲出悄悄话的内容，让妈妈听听是否与自己说的那句话一样。

④ 游戏拓展

家长让婴幼儿传递一句歌词或一首儿歌。

4. 语言发展家庭亲子活动游戏的指导方案

31～36个月婴幼儿语言发展家庭亲子活动游戏的指导方案包括两个，分别是超级扩音器和倒着说。

（1）超级扩音器

① 游戏目的

A. 发展婴幼儿的认知思维能力。

B. 发展婴幼儿的创造力和想象力。

C. 发展婴幼儿的表演能力。

D. 发展婴幼儿的语言能力。

② 游戏准备

A. 卷装卫生纸的纸芯。

B. 贴纸或水彩笔。

③ 游戏步骤

A. 家长带领婴幼儿用贴纸或水彩笔把卫生纸的纸芯装饰成一个扩音器。

B. 家长为婴幼儿演示一下扩音器的使用方法：先直接说话，然后借助扩音器说话，让婴幼儿了解扩音器的作用。

C. 家长鼓励婴幼儿用扩音器给其他家庭成员讲一个故事。

④ 游戏拓展

家长和婴幼儿一起做两个扩音器，双方都用扩音器对话。

（2）倒着说

① 游戏目的

A. 发展婴幼儿的思维能力。

B. 发展婴幼儿的语言表达能力。

C. 发展婴幼儿的排序能力。

D. 发展婴幼儿的社交能力。

② 游戏步骤

A. 家长向婴幼儿介绍游戏规则："宝宝，我们今天玩一个倒着说的游戏，就是把听到的话从最后一个字开始说。例如，听到的是'很高兴'，我们就说'兴高很'。"

B. 家长先带着婴幼儿从3个字开始倒着说。

③ 游戏拓展

家长创建"每日倒着说时间"，家长和婴幼儿每日在规定时间内所有的话都要倒着说。

5. 社会性发展家庭亲子活动游戏的指导方案

31~36个月婴幼儿社会性发展家庭亲子活动游戏的指导方案包括两个，分别是"猜猜我想的是什么"和"讲绘本"。

（1）猜猜我想的是什么

① 游戏目的

A. 发展婴幼儿的思维能力。

B. 发展婴幼儿的心理意象能力。

C. 发展婴幼儿的问题解决能力。

D. 发展婴幼儿的语言能力。

② 游戏准备

6种物品，如扇子、毛巾、水杯、鞋、球、日历等。

③ 游戏步骤

A. 家长向婴幼儿展示6种物品，如扇子、毛巾、水杯、鞋、球、日历，引导婴幼儿了解这6种物品的名称和用途。

B. 家长向婴幼儿介绍游戏规则："宝宝，刚才我们知道了这6种物品的名称和用途。现在我在想它们中的一个，这个物品能告诉我们今天是星期几，这个物品是什么？请你帮我找出它，并大声地说出它的名称。"如果婴幼儿猜错了，家长可以再提示得具体一些，让婴幼儿接着猜并说出名称。

④ 游戏拓展

A. 家长给出的提示较抽象。

B. 请婴幼儿选择一个物品，给家庭成员提供线索，让家庭成员猜猜他选择的物品是什么。

（2）讲绘本

① 游戏目的

A. 发展婴幼儿的思维能力。

B. 发展婴幼儿的创造力和想象力。

C. 发展婴幼儿的语言表达能力。

D. 发展婴幼儿的问题解决能力。

② 游戏准备

A. 一本婴幼儿能预料到结局的精彩绘本。

B. 蜡笔。

C. 纸。

③ 游戏步骤

A. 家长为婴幼儿讲绘本中的精彩故事，一边讲，一边问婴幼儿接下来会发生什么，在翻页之前让他猜猜接下来会发生什么，直到把整个故事讲完。

B. 家长给婴幼儿发蜡笔和纸，鼓励婴幼儿把他想到的故事画出来。

C. 家长请婴幼儿讲讲他画的是什么内容。

④ 游戏拓展

家长为婴幼儿提供不能预料到结局的绘本，如安东尼·布朗的《小美猫》。在这个阶段，家长要确保所选的绘本不会让婴幼儿产生焦虑情绪，如不要选择关于死亡的绘本。

6. 艺术发展家庭亲子活动游戏的指导方案

31～36个月婴幼儿艺术发展家庭亲子活动游戏的指导方案包括两个，分别是手掌画画和手指变变变。

（1）手掌画画

① 游戏目的

A. 发展婴幼儿的精细动作能力。

B. 发展婴幼儿的创造力和想象力。

C. 发展婴幼儿的审美能力。

② 游戏准备

A. 手指画专用颜料。

B. 水粉纸。

C. 蜡笔。

D. 婴幼儿画衣。

③ 游戏步骤

A. 婴幼儿穿好画衣后，家长告诉婴幼儿"我们现在要用手掌画一个太阳"，引导婴幼儿用一只手掌蘸满一种颜色的颜料，按顺时针方向在水彩纸上印出太阳的形状，如图6-12所示。

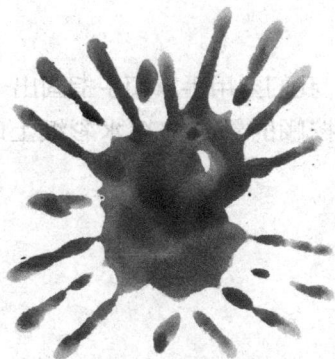

图6-12

B．家长引导婴幼儿用另一只手掌蘸满另一种颜色的颜料，印在之前的太阳的任意位置，如图6-13所示。

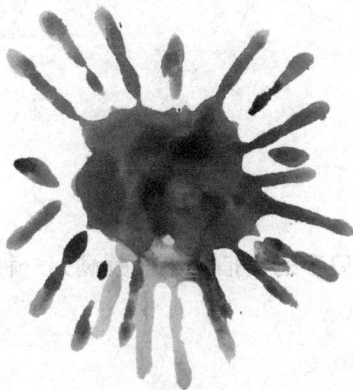

图6-13

C．家长引导婴幼儿用蜡笔给太阳画上表情，如图6-14所示。

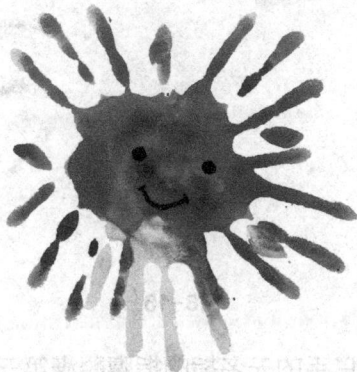

图6-14

D. 家长组织其他家庭成员一起向婴幼儿学习怎样用手掌画出太阳，带领婴幼儿欣赏每个家庭成员画出的太阳。

④ 游戏拓展

A. 用手掌和手指画向日葵

a. 家长告诉婴幼儿"现在，我们要用手掌和手指画出一朵向日葵"，引导婴幼儿用一只手掌蘸满一种颜色的颜料，按顺时针方向在水彩纸上印出向日葵的形状，如图6-15所示。

图6-15

b. 家长引导婴幼儿用另一只手的食指和中指蘸满另一种颜色的颜料，印出向日葵的叶子，如图6-16所示。

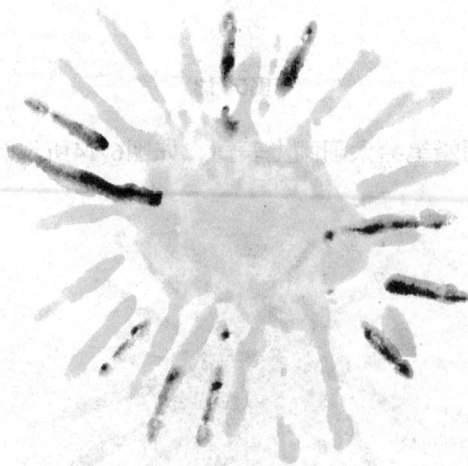

图6-16

c. 家长引导婴幼儿用另一只手的无名指的指腹蘸满第三种颜色的颜料，用小拇指的指腹蘸满第四种颜色的颜料，在向日葵的花盘上轻轻点出葵花籽，如图6-17所示。

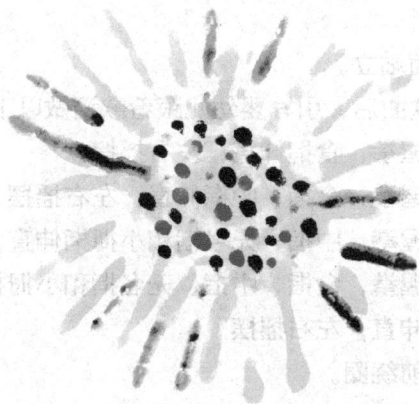

图6-17

d. 家长组织其他家庭成员一起向婴幼儿学习怎样用手掌和手指画出向日葵，带领婴幼儿欣赏每个家庭成员画出的向日葵。

B. 家长鼓励婴幼儿用不同的颜色和方式创作其他的事物。

（2）手指变变变

① 游戏目的

A. 让婴幼儿体验手指音乐游戏的乐趣。

B. 发展婴幼儿的想象力和创造力。

C. 发展婴幼儿的语言能力。

D. 发展婴幼儿的思维能力。

E. 发展婴幼儿的手部精细动作能力。

② 游戏准备

歌曲《手指变变变》的乐谱如图6-18所示。

手指变变变

1=C 2/4

1 2 3 4 | 5 — | 1 2 3 4 | 5 — | × × | × 0 |

一 根 手 指 头， 一 根 手 指 头， 变 变 变

两 根 手 指 头， 两 根 手 指 头， 变 变 变

三 根 手 指 头， 三 根 手 指 头， 变 变 变

四 根 手 指 头， 四 根 手 指 头， 变 变 变

五 根 手 指 头， 五 根 手 指 头， 变 变 变

5 4 3 2 | 1 — ‖

变 成 毛 毛 虫。

变 成 小 兔 子。

变 成 孔 雀。

变 成 蝴 蝶 飞。

变 成 大 老 虎。

图6-18

121

③ 游戏步骤

A．家长与婴幼儿面对面站立。

B．家长待婴幼儿熟悉歌曲后，引导婴幼儿跟着歌词做以下动作。

"一根手指头"：双手握拳，食指伸直，左右摇摆。

"两根手指头"：双手握拳，食指、中指伸直，左右摇摆。

"三根手指头"：双手握拳，中指、无名指和小拇指伸直，左右摇摆。

"四根手指头"：双手握拳，食指、中指、无名指和小拇指伸直，左右摇摆。

"五根手指头"：五指伸直，左右摇摆。

"变变变"：手指在胸前绕圈。

"毛毛虫"：双臂在胸前交叉，双手五指在胳膊上"爬动"。

"小兔子"：双手握拳，食指、中指伸直，放在头部两侧。

"孔雀"：双手握拳，中指、无名指和小拇指伸直，放在头部两侧。

"蝴蝶"：五指伸直，手放在身体两侧，挥动手臂。

C．家长唱到"老虎"时，扮成大老虎"抓"婴幼儿，鼓励婴幼儿快速"逃跑"，不要被大老虎"抓住吃掉"。

④ 游戏拓展

婴幼儿熟悉歌曲和歌词后，家长引导婴幼儿发挥想象力，询问他手指还可以变成什么，鼓励婴幼儿创编歌词并创造出多种玩法。

课后练习题

1．简述25~36个月婴幼儿家庭教育的重点和指导目标。

2．创编25~36个月婴幼儿大动作发展家庭亲子活动游戏的指导方案。

3．创编25~36个月婴幼儿精细动作发展家庭亲子活动游戏的指导方案。

4．创编25~36个月婴幼儿智能发展家庭亲子活动游戏的指导方案。

5．创编25~36个月婴幼儿语言发展家庭亲子活动游戏的指导方案。

6．创编25~36个月婴幼儿社会性发展家庭亲子活动游戏的指导方案。

7．创编25~36个月婴幼儿艺术发展家庭亲子活动游戏的指导方案。

第七章

早教机构与
婴幼儿家庭教育

本章学习目标

1. 了解早教机构的定义。
2. 了解早教机构的教育意义。
3. 掌握早教机构指导婴幼儿家庭教育的内容。
4. 掌握早教机构指导婴幼儿家庭教育的原则。
5. 掌握早教机构指导婴幼儿家庭教育的途径。

随着脑科学的不断发展和新的研究成果的出现，越来越多的家长认识到0～3岁婴幼儿早期教育的重要性，早教机构因而越来越受到追捧。但是，对于我国家庭而言，家庭教育仍然是我国0～3岁婴幼儿的主要教育方式，比较缺乏科学性和计划性；而早教机构的教育理念比较先进，能结合婴幼儿自身特点提供科学的教养方案。早教机构应主动担当指导婴幼儿家庭教育的责任，只有早教机构的教育与婴幼儿家庭教育相结合，才能真正实现婴幼儿科学有效的早期教育。

第一节　早教机构的定义和教育意义

一、早教机构的定义

早期教育机构简称早教机构，指学前教育机构，包括托儿所、亲子园、早教乐园等。早教机构主要分为两类：一类是公立性质的早教机构，如招收0～3岁婴幼儿的全日制托儿所、附属于幼儿园的亲子园或园内的托班或小小班；另一类则是非全日制早教机构，是由家长自愿带着婴幼儿来接受早教服务的非公立性质的机构。

本书所讲的早教机构是指面向所有0～3岁婴幼儿及其家长和监护人，提供科学育儿指导咨询，提供婴幼儿教育活动场所的机构，是普及婴幼儿早期教育的重要场所。

二、早教机构的教育意义

早教机构是0～3岁婴幼儿除家庭之外最主要的受教育场所，与家庭、社区共同形成婴幼儿的生活环境。早教机构与婴幼儿家庭的合作共育在双向互动的基础上形成一股教育合力，对促进婴幼儿的身心健康发展起着重要作用。

1. 转变家长的育儿观念

早教机构发挥专业引领作用，开展适宜的宣传教育活动，通过开家长会、举办亲子活动、举办节日庆祝活动、宣传科教知识等方式，有计划、有针对性地开展不同类型、不同形式的指导活动，帮助家长了解婴幼儿的身心发展规律，使家长形成科学的育儿观念，为婴幼儿的健康发展创设良好的家庭教育环境。

2. 提升家长的育儿能力

早教机构通过向家长讲解婴幼儿教育的目标，帮助家长树立正确的培养目标；通过向家长说明家庭教育的作用，增强家长教养婴幼儿的责任感；通过向家长介绍婴幼儿身心发展的知识和培养方式，端正家长的教养态度，提升家长的教育能力。

3. 促进婴幼儿的成长发展

婴幼儿家庭与早教机构的合作共育，有助于丰富婴幼儿的活动经验。家庭和早教机构是婴幼儿生活与学习的主要场所。婴幼儿家庭与早教机构合作可以让双方对婴幼儿的教育更具一致性、连续性和互补性。一方面，婴幼儿在早教机构中获得的教育经历能够在家庭中得到延续、巩固和发展；另一方面，婴幼儿在家庭获得的教育经历能够在早教机构中得到运用、扩展和提升。

4. 发挥婴幼儿教育的整体作用

婴幼儿教育是一项复杂的系统工程，在婴幼儿教育这项工程中，除了早教机构教育外，还包括家庭教育。早教机构对家长进行婴幼儿家庭教育指导，能增强家长配合早教机构教育的自觉性，实现"家园"同步同态，形成教育合力，充分发挥婴幼儿教育的整体作用，使婴幼儿教育的价值大于早教机构教育与家庭教育两者价值的总和。我国教育家陈鹤琴先生曾说："儿童教育是一件很复杂的事情，不是家庭一方面可以单独胜任的，也不是幼儿园一方面可以单独胜任的，而是要两方面共同合作方能得到充分的功效。"

5. 实现教育资源共享

婴幼儿家长本身就是难得的教育资源，他们的职业、专业、兴趣、能力及经历都不同。早教机构可以通过调查了解，构建家长资源库，根据早教机构活动开展的需要，让家长参与早教机构开展的亲子游戏或其他活动。早教机构应通过多种互动方式拉近与家长的距离，促进家长与早教机构的情感沟通，增强家长与早教机构配合的积极性和主动性，促使早教机构与家长的教育资源整合更加和谐、高效。

第二节　早教机构指导婴幼儿家庭教育的内容

0～3岁婴幼儿早教机构的一项重要任务是通过指导婴幼儿家长来提高婴幼儿家庭教育的总体水平，进而促进婴幼儿的全面发展。早教机构通过不同的形式为家长提供不同内容的早期教育指导，实施按月龄、分阶段的亲子活动游戏的指导方案，让婴幼儿教育与家长指导并举。早教机构对婴幼儿家庭教育进行的指导是由接受过专业培训同时又具有丰富经验的早教教师，面向家长开展的进行婴幼儿早期教育的指导活动，目的是提升家长科学教育婴幼儿的能力，转变家长错误的教育理念，让家长掌握必备的教育知识，学会正确的教育技能，科学有效地促进婴幼儿的全面发展。

一、掌握科学的0～3岁婴幼儿教育理念

《上海市0—3岁婴幼儿教养方案》中对教养理念的阐述为："关爱儿童，满足需求；以养为主，教养融合；关注发育，顺应发展；因人而异，开启潜能。"

1. 提供幸福童年

早教机构应指导家长认识到，早期教育的根本目的是对婴幼儿的身体、语言、认知、人格等各项潜能进行开发，是为婴幼儿的幸福人生打基础。在0～3岁婴幼儿的成长中，"成长指数"与"幸福指数"缺一不可。为提升婴幼儿的童年幸福指数，家长一定要运用科学的教育方法，借鉴维果斯基的"最近发展区"理论：先找到婴幼儿现有的发展水平或最佳起点，在符合婴幼儿身心发展的最佳阈限内，设置一个"蹦一蹦"就能够达到的目标，顺应婴幼儿自身的发展规律和学习特点，运用科学适宜的教育方法。

2. 心智和谐发展

影响婴幼儿成长、成才的两大心理因素是智力因素和非智力因素。早期教育不仅限于婴幼儿早期的智力开发，比如语言、认知等的开发，还包括婴幼儿心理等非智力因素的开发，如情绪情感、意志品格、人格个性以及社会化等的开发。非智力因素在关键时刻起着决定性作用。科学家爱因斯坦曾说过："智力上的成就在很大程度上依赖于性格的伟大，这一点往往超出人们通常的认知。"

3. 全面性与个性的统一

婴幼儿心理的各个组成部分是相辅相成、相得益彰的，每一种能力水平的状况都会直接影响其整体水平的高低。某一种能力水平的发展状况还会影响其他组成部分的水平。科学的早期教育一定要注重婴幼儿的全面发展，不能仅仅重视思维、记忆、语言等与认知能力密切相关的因素，还应重视人格、个性等与社会适应密切相关的因素。家长应充分利用各种机会对婴幼儿进行随机教育，培养其从小养成自信、坚强、乐观、独立的性格，以及关心他人、宽容大度的品质，促进其全面发展。

在强调全面发展教育的同时，新世纪教育改革与发展的主旋律是"让每个人的个性得到充分、自由的发展"，个性化教育是当代教育发展的主要特征之一。早教机构与家长必须根据每个婴幼儿的兴趣爱好、能力特长和个性特点等因素，根据每个婴幼儿现有的能力水平和经验因材施教，随时观察并不断调整教育方法，以满足其成长过程中的知识和能力需求。早教机构与家长要根据每个婴幼儿不同的个性，给予科学适宜的个性化教育，促进婴幼儿实现个性化的全面发展。

4. 遵循游戏原则

对婴幼儿在日常生活中的教育指导要遵循游戏原则。游戏能满足婴幼儿动手和探究的需要，可以促进其身心各方面能力的全面、协调发展。家长应尽可能为婴幼儿的游戏提供充足的活动空间和时间、丰富的游戏材料、轻松的游戏氛围和及时的经验指导，采用多种手段激发婴幼儿参与游戏的热情，使其积极性、主动性和创造性都在游戏中得到提高。

二、掌握多元的0～3岁婴幼儿教育知识

0～3岁婴幼儿教育的知识非常全面，既覆盖了0～36个月婴幼儿的所有月龄，也覆盖了从早教机构到家庭的所有教育内容。为了提高家庭教育指导的针对性和实效性，早教机构不仅要从婴幼儿成长发展中存在的实际问题出发，更要从家长对待婴幼儿成长发展存在的问题的认识、态度和教育行为中的问题出发，对家长进行指导。早教机构不仅要"读懂婴幼儿这本书"，还要"读懂婴幼儿家长这本书"。

1. 掌握0～3岁婴幼儿生理发展的知识

早教机构应指导家长顺应0～3岁婴幼儿的生理发育特点。任何一种新行为的产生都有赖于骨骼肌肉、神经系统和感觉器官的成熟。婴幼儿是带着先天的"生理成熟时间表"降生的，出生后对各种能力的掌握都是预设程序的展现。如果婴幼儿略过某个阶段直接进入下一个阶段，看似厉害，实则这种超前的训练不仅徒劳，甚至有害。早教机构要指导家长关注婴幼儿的"生理成熟时间表"，掌握其在不同月龄段身体发育的特点。

2. 掌握0～3岁婴幼儿心理发展的知识

在出生后的3年里，婴幼儿伴随着身体的快速发展，心理也不断发展。0～3岁婴幼儿心理发展包含许多方面，其中感知觉能力、动作和行为能力、语言能力、记忆能力、思维能力、想象能力、交往能力、注意力特点、情绪情感特点、意志特点、气质特点、自我意识水平等都是心理发展的重要方面。0～3岁是婴幼儿许多心理现象和动作从无到有并实现初步发展的时期，也是发展最迅速的时期。婴幼儿的心理发展遵循先快后慢的规律，月龄越小，月龄之间表现出的心理发展差异越大，早教机构要指导家长跟上婴幼儿的发展步伐，及时调整教育方案。

3. 掌握0～3岁婴幼儿日常教养的知识

0～3岁婴幼儿的日常教养知识涵盖的范围很广，早教机构应指导家长了解婴幼儿在不同月龄段的饮食需要、科学喂养方法、睡眠特点、常见疾病的预防和护理、日常行为习惯的形成过程与指导策略、婴幼儿认知风格和行为发展的特点，以及婴幼儿常见的特殊行为指导等。

三、掌握可操作的0～3岁婴幼儿教育技能

早教机构指导家长了解0～3岁婴幼儿的教育知识，不等于教会了家长如何教育婴幼儿。教育技能强调的是实际教育活动中的操作能力，技能是知识掌握后的有效转化，更是建立科学教育体系的前提。除了传授教育理念和教育知识外，早教机构还必须将家长教育技能的掌握作为一个重要的工作目标。

1. 了解0～3岁婴幼儿教育技能的内涵

早教机构对家长实施早期教育指导的根本目标是提升家长科学教育婴幼儿的能力，转变家长错误的教育理念，帮助家长逐步掌握可操作的0～3岁婴幼儿教育技能。这些教育技

能主要包括根据不同月龄婴幼儿的睡眠和饮食特点，将所掌握的知识有效转化为行动，为婴幼儿创设更好的教养环境；帮助婴幼儿学习社会交往，积极有效地促进婴幼儿养成良好的行为习惯；根据婴幼儿各方面发展的特点，有效应对婴幼儿的个别特殊行为；找到教育方法与婴幼儿发展的最佳契合点，有效促进双方的发展等。早教机构应指导家长认识到婴幼儿的发展不仅需要教育，更需要游戏和生活。尤其是0～3岁的婴幼儿，他们的学习和发展更加依赖日常的游戏活动和生活。在实施教育时，家长不能仅为婴幼儿提供各种用来习得知识和技能的教育活动，还要为他们提供丰富多彩的游戏活动和生活活动，促进0～3岁婴幼儿的全面发展。

2. 掌握0～3岁婴幼儿发展水平的观察要点

0～3岁婴幼儿发展水平的观察要点是由发育与健康、感知与运动、认知与语言、情感与社会性4个方面组成的。早教机构应指导家长掌握0～3岁婴幼儿处于不同发展水平时的教育内容，并自如地将其运用至日常生活中，促进每一个婴幼儿健康快乐地成长。由于遗传、营养、教育等因素的影响，0～3岁婴幼儿的发展存在个体差异，主要表现为发展的速度不同、特点不同。早教机构指导家长在观察婴幼儿的行为时，一方面应注意分辨婴幼儿的行为是正常的还是异常的，对异常行为应及时就诊、及早矫治；另一方面应注意分辨婴幼儿的行为是偶发的（发展中正常的新行为）还是稳定的，对发展中的偶发行为应及时提供刺激，促使该行为向稳定行为发展。

3. 运用多元智能理论评价0～3岁的婴幼儿

早教机构应指导家长尊重婴幼儿的个体差异。婴幼儿的心理具有不均衡性，除了体现在心理活动各个方面发展的不平衡上，也体现在发展的个体差异上。家长要根据婴幼儿的特点因材施教，为其发展长项提供更多、更好的机会，以促进婴幼儿的发展。早教机构指导家长实施的教育既要与各个月龄段婴幼儿发展的特点相适应，又要考虑婴幼儿个体发展的特征，为婴幼儿的发展提供适宜的早期教育。

第三节　早教机构指导婴幼儿家庭教育的原则和途径

一、早教机构指导婴幼儿家庭教育的原则

早教机构指导婴幼儿家庭教育的原则是指早教机构在进行0～3岁婴幼儿家庭教育指导时必须遵循的基本要求，即尊重家长、区别对待、要求适度和双向反馈。

1. 尊重家长

尊重家长是开展家庭教育指导活动的前提。早教机构与家长是婴幼儿健康成长过程中的引路人，双方拥有不同的身份、不同的情感、不同的观念和不同的教育方法，难免出现不同的见解。只有互相了解、互相尊重、平等合作，才能共同教育好婴幼儿。因此，尊重家长是开展家庭教育指导活动的首要原则。早教机构要把家长看作朋友，互相信任、诚挚合作，对不同社会地位、不同经济条件、不同教育观念的家长一视同仁，真诚地对待每一

位家长，坚持做到真心、细心、耐心、热心，以心交心、以心感心，使家长不仅乐于接受早教机构提出的意见和建议，配合早教机构做好婴幼儿家庭教育工作，还会积极地为早教机构的家庭教育指导活动出谋划策，积极、主动地参与家庭教育。

2. 区别对待

婴幼儿家庭之间存在各种不同，如家长的文化程度、经济收入、社会地位，父母及祖辈等不同家庭成员在婴幼儿家庭教育上的观念和方法也不一致。早教机构应充分考虑家庭与婴幼儿的不同类型，根据他们的需要，区别对待，实行分层、分类指导，注意指导方案应具有针对性、具体性和灵活性。

3. 要求适度

由于家长的文化教养、职业状况、精神面貌、生活方式等各有差异，在婴幼儿家庭教育指导中，早教机构应注意对家长提出的要求要切合实际，是家长的能力和物力所能达到的，不苛求、不硬性指派。

4. 双向反馈

早教机构在开展婴幼儿家庭教育指导时，要将早教机构的单向宣传转变为家园双向沟通，既要向家长宣传科学育儿的知识，也要努力收集家长的反馈信息。这些反馈无论是积极的还是消极的，早教机构都要认真分析，以便实现家园教育的相互促进、相互沟通、协调配合，形成教育合力，保证婴幼儿的身心健康发展，从而形成"指导—实施—反馈—再指导"的良性循环。

二、早教机构指导婴幼儿家庭教育的途径

1. 家庭教育讲座

早教机构应定期邀请儿童保健专家、心理专家、教育专家开设讲座，也可由早教机构教师或家长主讲，把重点放在婴幼儿的全面发展或家长整体素质的提高上。讲座宜采用以讲授为主、答疑为辅，先讲后答或边讲边答的形式。

2. 评论会

评论会是指在婴幼儿家庭教育指导工作中，早教机构创设一定的情境和机会，鼓励家长对一些有争论的婴幼儿教育观念、教育态度、教育方法发表自己的看法，引导家长在讨论或交流的过程中思考，在比较和衡量的基础上做出选择并实践自己的选择的一种家庭教育指导模式。评论会是以价值观指导为基础，创设诱发社会认知冲突的客观情境，促使家长在评价和争论中主动选择正确和合适的方案，从而逐步影响家长的观念和行为的一种交流形式。

3. 家长园地

早教机构应设置宣传栏、展览台、黑板报、陈列室，展示用于指导家长开展家庭教育的教育书刊和辅导材料，书写家庭教育的小常识，公布婴幼儿的课程表、集体活动内容及图片等，使家长能根据自己及婴幼儿的实际情况和具体要求，有选择地进行阅读、学习和

欣赏。家长园地应定期向家长介绍所开设课程的教育目标、内容、形式、方法等。

4. 家庭教育咨询

家庭教育咨询是早教机构帮助婴幼儿家长答疑解惑的有效途径，其形式有个别咨询、团体咨询、电话咨询、宣传咨询、现场咨询等。早教机构在进行婴幼儿家庭教育咨询时，可请有经验的教师或专业人员专门接待家长，帮助家长分析婴幼儿存在的各种问题，提出一些教育上的建议。

5. 家庭访问

家庭访问是早教机构教师走出机构进行婴幼儿家庭教育指导的独特形式。教师通过家庭访问，能更深入地了解婴幼儿在家庭中的情况，和家长共商教育对策。这种指导形式虽然花费的时间较多，但效果更好，能为家长提供实用、有效的帮助。

6. 网络互动

早教机构可以利用网络，搭建家园网络平台，教师通过QQ、微信等交流工具以多种形式与婴幼儿家长保持联系，让家长与教师间的交流和联系更加方便和快捷，这有助于解决许多年轻家长由于工作繁忙，没有机会与教师面对面交流的问题。在网络上一对一进行交流，能使教师对家长教育行为的指导具有更强的针对性。

课后练习题

1. 简述早教机构的定义和教育意义。
2. 简述早教机构指导婴幼儿家庭教育的内容。
3. 简述早教机构指导婴幼儿家庭教育的原则。
4. 简述早教机构指导婴幼儿家庭教育的途径。

第八章

社区与婴幼儿家庭教育

本章学习目标

1. 了解社区的定义和特点。
2. 了解社区指导婴幼儿家庭教育的定义。
3. 掌握社区指导婴幼儿家庭教育的任务。
4. 掌握社区指导婴幼儿家庭教育的内容。

家庭是人出生后接触的第一个环境，对婴幼儿的影响是处于第一位的，家庭教育影响着婴幼儿的发展方向。家庭教育是一项长期而又复杂的工程，不是简单地投入金钱和时间就能够成功的。家长面临着一系列的教育问题，急需专业人士为他们指点迷津，帮助他们解答育儿疑惑。社区是家庭所处的社会区域，有更加丰富的文化资源、人力资源和财力资源等，可以系统地为家庭教育提供服务。

第一节　社区的定义和特点

一、社区的定义

社区是一个社会学概念，是社会学家费孝通先生提出的英语单词"community"的中文翻译。

社区是一定的、具有某种互动关系和共同地缘文化的、有秩序的、有感情的人群进行一定社会活动的地域空间，是具有共同利益的居民的结合，重视人和人的相互交往与互动。

二、社区的特点

社区的特点由社区文化、社区性格和社区环境决定。

社区文化是通行于一个社区范围内的特定的文化现象，包括社区内居民的信仰、价值观、行为规范、历史传统、风俗习惯、生活方式、地方语言等。社区文化本质上是一种家园文化，它渗透在社区生活的方方面面，深刻影响着社区居民的思想观念、行为方式、生活方式、审美标准，甚至饮食衣着习惯，对婴幼儿的社会性发展具有重要影响。

社区性格是指一个国家中某一特定的社会区域内聚居的各种群体或绝大多数人显示出来的一种共同的、比较稳定的对现实的态度和与之相应的、习惯性的行为方式。社区性格是人们性格中由于地域差异而形成的一种局部的、相对独立的性格，具有延续性和传递性，对婴幼儿的性格形成具有潜移默化的影响。

社区环境既包括物质环境，又包括社区自身的文明程度、治安环境等精神环境。和谐融洽的社区环境、互帮互助的邻里关系、积极进取的社区精神氛围，有利于培养出有教养、讲文明、懂礼貌、求进取、争上进的婴幼儿。反之，如果社区自然环境恶劣，到处都是垃圾，人文环境较差，打架斗殴事件时常发生，邻里关系紧张，则会对婴幼儿产生极大的负面影响。

第二节　社区指导婴幼儿家庭教育的定义、任务和内容

一、社区指导婴幼儿家庭教育的定义

社区指导婴幼儿家庭教育是指社区根据家庭教育过程中存在的问题、家长的困惑和家长自身的需要，向家长提供帮助的过程。社区指导婴幼儿家庭教育的对象包括家长、婴幼儿，其中主要对象是家长。这里所说的家长不仅包括婴幼儿的父母、与婴幼儿生活在一起的祖辈，还包括与婴幼儿无血缘关系的监护人及承担辅助教育工作的保姆。由于婴幼儿家长是指导的主要对象，所以社区对婴幼儿家庭教育的指导属于一种成人教育，即指导家长如何做婴幼儿的老师，如何正确地教育婴幼儿，具有师范教育的性质。

二、社区指导婴幼儿家庭教育的任务

1. 指导家长优化家庭环境

每个人从出生开始就受到家庭环境的影响，一个好的家庭环境往往能够影响人的一生。家庭环境有软、硬之分，家庭软环境是指家庭成员之间相互联系时所形成的一种气氛（如良好的亲子关系、民主平等的家庭氛围、和谐的夫妻关系等），对婴幼儿会产生潜移默化的影响。家庭硬环境是指特定的物质条件（如整洁、宽敞、安静、明亮的房间，安全、有趣的玩具，种类丰富的图书等），是婴幼儿得以发展的基础条件。通过社区指导婴幼儿家庭教育，家长能为婴幼儿提供良好的家庭硬环境，即为婴幼儿提供基本的生活、游戏和学习条件；也能为婴幼儿创造良好的家庭软环境，形成良好的亲子关系、夫妻关系、婆媳关系等家庭关系和邻里关系，营造民主、平等、和谐的家庭氛围，为婴幼儿的健康成长创造良好的家庭环境。

2. 指导家长提高养育水平

为什么要倡导母乳喂养？婴幼儿什么时候开始添加辅食？每天应该给婴幼儿喝多少水？家长应该为婴幼儿准备什么样的食物？……这些问题看似常见，但很多家长不一定能够给出科学的解答，因此社区指导婴幼儿家庭教育对家长提高养育水平是非常必要的。通过指导，社区能够丰富家长的科学养育知识，培养婴幼儿养成良好的饮食习惯；合理添加辅食，保证婴幼儿的营养均衡，增强他们的体质，提高他们的健康水平。

3. 指导家长提高教育水平

社区在指导婴幼儿家庭教育时的一个很重要的任务是指导家长提高自身的教育水平，从而提高家庭教育水平。通过指导，社区能向家长普及家庭教育知识，使其转变教育观念、改善教育态度、增强教育能力，从而提高家庭教育的质量，促进婴幼儿身心全面发展。

4. 指导家长与早教机构合作

早教机构中有专业的早教教师，他们掌握了较多科学的育儿知识，同时早教机构和家庭都承担着教育婴幼儿的重任，二者合作，形成教育合力，能够大大提高婴幼儿的教育质量。通过指导，社区能够让家长全面、正确地了解早教机构保育教育的内容与方法，认真学习、听取早教机构中的早教教师的经验和建议，主动与早教机构合作，共同教育婴幼儿。

5. 对家长进行法制教育

婴幼儿是一个独立的个体，有自己的权利。随着法制的不断完善，国家相继出台了多部保护婴幼儿权益的法律，除了《中华人民共和国未成年人保护法》和《中华人民共和国预防未成年人犯罪法》等法律法规外，我国还签署加入了联合国《儿童权利公约》。通过指导，社区要让家长了解这些法律法规，提高其法制意识，从而依法保障婴幼儿的生存权、发展权、受保护权和参与权。

三、社区指导婴幼儿家庭教育的内容

对于这个问题，从以下3个方面展开介绍。

（一）社区对0～3岁正常婴幼儿家庭教育的指导内容

1. 掌握婴幼儿日常养育的科学方法

社区指导家长按时为婴幼儿进行预防接种；注意科学的饮食调配；培养婴幼儿的健康卫生习惯；引导婴幼儿多看、多听、多运动、多抚触，带领婴幼儿开展适当的运动、游戏，增强体质；了解婴幼儿成长阶段的特点和表现，学会倾听、分辨他们的"语言"，安抚他们的情绪；了解婴幼儿常见疾病的症状及预防和护理常识、常见意外事故的相关知识及急救措施。

2. 养成婴幼儿良好的生活行为习惯

社区指导家长了解婴幼儿成长的规律及特点，为他们制订日常生活规则，按照规则指导他们的日常生活行为，引导婴幼儿养成良好的生活行为习惯。家长应采用鼓励、表扬等正面强化措施，利用生活场景对婴幼儿进行适时、适当的教育。

3. 加强婴幼儿的感知训练

社区指导家长创造有利于婴幼儿自如爬行、充分活动的独立空间与条件，随时充分利用日常生活中的真实物品和现象，挖掘其内含的教育价值，让婴幼儿在爬行、观察、听闻、触摸等训练过程中获得各种感官活动经验，促进婴幼儿的感官发展。家长应注意在训练过程中对婴幼儿加强保护，防止意外事故发生。

4. 激发婴幼儿的好奇心和想象力

0～3岁婴幼儿具有强烈的好奇心、求知欲，喜欢模仿，喜欢想象。社区应指导家长关注此年龄段婴幼儿的需求，采用各种方式激发他们的好奇心和想象力，指导家长为婴幼儿提供开展抓握、把玩、涂鸦、拆卸等活动的设施、工具和材料，指导家长用亲子游戏的形式发展婴幼儿双手协调、手眼协调等精细动作能力，指导家长用心欣赏婴幼儿的行为和作品并给予鼓励，分享婴幼儿的快乐。

5. 促进婴幼儿语言表达能力的发展

社区指导家长为婴幼儿创设宽松愉快的语言环境，为他们的语言学习和模仿提供丰富的物质材料，运用多种方法鼓励他们开口说话。婴幼儿的语言能力是通过模仿习得的，社区应指导家长提高自身的语言素养，为婴幼儿提供良好的示范，指导家长积极回应婴幼儿的言语需求，鼓励他们之间多相互模仿和交流，促进婴幼儿语言表达能力的发展。

6. 促进婴幼儿情绪调控能力的发展

婴幼儿的情绪具有冲动、外显、不稳定、易受感染等特征，社区应指导家长关注、尊重、理解婴幼儿的情绪，学习亲子沟通的技巧，以民主、平等、开放的姿态与婴幼儿沟通，学会安抚婴幼儿，给予婴幼儿鼓励和支持，让婴幼儿学会控制自己。

7. 帮助婴幼儿适应幼儿园生活

3岁时，大多数婴幼儿会进入幼儿园，初入园的婴幼儿或多或少都会出现不适应的现象。社区应指导家长采取措施帮助婴幼儿适应幼儿园的生活和学习。入园前，社区应指导家长有意识地培养婴幼儿的自理能力、听从指令并遵守简单规则的能力，以为入园做准备。入园后，社区应指导家长积极了解婴幼儿对幼儿园的适应情况，分析其入园后不适应的原因。在婴幼儿出现分离焦虑时，家长应通过耐心沟通与疏导来稳定婴幼儿的情绪，使其正确面对分离焦虑。

（二）社区对0～3岁特殊婴幼儿家庭教育的指导内容

0～3岁特殊婴幼儿是指有特殊教育需要的婴幼儿，是指在发展过程中存在着个体特殊需要的0～3岁婴幼儿。

1. 放平心态，积极寻求专业人士的帮助

面对特殊婴幼儿，家长会感到悲伤、难过，甚至有些家长不承认婴幼儿有特殊需要，以至于错过了最佳的干预治疗期。社区应指导家长平复情绪，积极寻求帮助，以改善婴幼儿的现状。

2. 早发现、早诊断、早治疗、早教育

社区应指导家长认识到特殊婴幼儿的病症并非都是不可治愈的，如果早发现、早诊断、早治疗、早教育，还可以通过药物或手术手段改善；即使无法改善，也能根据婴幼儿的发育状况采取相应的特殊教育策略，为婴幼儿以后的发展打好基础。

3. 与专业人士合作

社区应指导家长积极寻求与专业人士合作，根据婴幼儿的问题制订个性化的医疗和教育训练计划，持之以恒、坚持执行，改善婴幼儿的现状，培养婴幼儿适应社会的能力。

4. 营造良好的家庭氛围

社区应指导家长给予特殊婴幼儿足够的关爱，并用乐观向上的心态感染婴幼儿，鼓励婴幼儿正视现实、积极面对困难，教育婴幼儿坚定信心，相信只要努力，任何困难都可以克服。

（三）社区对特殊家庭的指导内容

特殊家庭一般包括离异家庭、重组家庭、服刑人员家庭、流动人口家庭、农村留守儿童家庭等。

1. 社区对离异家庭的指导内容

社区应指导家长学会调节和控制自己的情绪，不要在婴幼儿面前流露出对离异配偶的不满，不能简单粗暴地对待婴幼儿或者无原则地迁就、溺爱婴幼儿。社区还应指导家长多与婴幼儿进行交流沟通，多为婴幼儿创造当家做主的机会，多鼓励婴幼儿参与社会活动，定期让非监护方与婴幼儿见面，不断强化婴幼儿心目中父（母）亲的形象和情感，促进婴幼儿的性别意识得到充分发展。

2. 社区对重组家庭的指导内容

社区应指导重组家庭的夫妻关心、帮助和亲近婴幼儿，减轻婴幼儿的心理压力，帮助婴幼儿正视现实。夫妻双方应互敬、互爱、互信，为婴幼儿树立积极的榜样；对双方子女一视同仁，加强家庭成员间的沟通，营造和谐、融洽的家庭氛围。

3. 社区对服刑人员家庭的指导内容

社区应指导监护人多关爱婴幼儿，善于发现婴幼儿的优点，用教育和爱的力量培养婴幼儿的自尊心，信任婴幼儿，并引导婴幼儿克服自卑心理；定期带婴幼儿探望父（母）亲，纾解婴幼儿思念父（母）亲之情；与早教机构和幼儿园积极联系，共同为婴幼儿的成长创造良好的环境。

4. 社区对流动人口家庭的指导内容

社区应指导家长勇敢面对陌生环境和生活困难，为婴幼儿创造良好的生活环境，处理好家庭成员之间的关系，为婴幼儿创造宽松的心理环境。家长应多与婴幼儿交流，多了解婴幼儿的思想动态，同时不断学习，树立全面发展的教育观念，多与早教机构和幼儿园联系，共同为婴幼儿的成长创造良好的环境。

5. 社区对农村留守儿童家庭的指导内容

社区应指导家长增强责任意识，认真履行家长的义务，承担起监护留守婴幼儿时应尽的责任。家长应重视婴幼儿教育，呵护婴幼儿早期的身心健康，多与婴幼儿交流沟通，对婴幼儿的道德发展和精神需求给予充分的关注。

课后练习题

1. 简述社区指导婴幼儿家庭教育的任务。
2. 简述社区指导婴幼儿家庭教育的内容。